एक होती खूबसूरत

कविता संग्रह

भरत

अंजुमन प्रकाशन

Title : Eak Hoti Khubsoorat
Author : Bharat

Published By-
Anjuman Prakashan
942, Mutthiganj, Prayagraj, 211003
www.anjumanpublication.com
anjumanprakashan@gmail.com

Printed and bound in India.
First published by Anjuman Prakashan in 2022
ISBN : 978-93-91531-12-6
Copyright © 2022 Bharat
Printing rights reserved : Anjuman Prakashan 2022
Cover & Typeset by Anjuman Prakashan

समर्पण

"जो स्वयं कवितामयी मेरे जीवन की
आधाशिला हैं जीवन संगिनी हैं उन
प्रेममयी सुमन जी को यह काव्य संग्रह
सप्रेम समर्पित करता हूँ।"

भरत

प्रेम
हर्षी हो दुई
मूलमंत्र है यह जीवन का
बसरजनी चल ली।।
8-12-98

भूमिका

भाव-प्रवाह को शब्दों में बाँधने का प्रयास करता रहा, कागज पर कविताओं के शक्ल में मेरे भाव उतरते चले गये और एक काव्य संग्रह तैयार हो गया। जो "एक होती खूब सूरत" के नाम से आपके हाथ में है।

यह मेरी यात्रा है। अनवरत तलाश है। कब मिलेगी नहीं मालूम। इस तलाश में आप सभी सुधी पाठकों को भी शामिल करने का प्रयास किया है, क्योंकि यात्रा तो सभी कर रहे हैं और सभी अपने अपने लक्ष्य के तलाश में ही है। इसलिए सभी सहयात्रियों का अभिनंदन करता हूँ।

अन्तुर्मुखी, संकोचशील स्वभाव के कारण एवं उपहास के भय से सार्वजनिक काव्य मंचों पर जाने का साहस नहीं जुटा सका। किन्तु कुछ मित्रों के दबाब के आगे झुकना पड़ा और प्रकाशित कराने का मन बनाया। वैसे लिखा तो जाता ही है स्वयं को पुनः पढ़ने के लिए या दूसरों के पढ़ने के लिए और लिखने की समस्त सामग्री तो सीख और समझ के रूप में इसी समाज से प्राप्त होती है। जो व्यक्ति के पास समाज कि धरोहर होती है उसे सूद समेत समाज को लौटा देना हर मनुष्य का कर्तव्य है। इस दृष्टिकोण से भी इस काव्य संग्रह का प्रकाशन आवश्यक था। अब समाज के सुधी पाठकों को तय करना है कि मैं कितना सफल हुआ।

मेरा तो यही आशय है। तेरा तुझको अर्पण क्या लागे मेरा ॥

ईश्वर से प्रार्थना है कि सफलता पर अंहकार से और विफलता पर अवसाद से बचाये रखें।

कविताओं के संकलन में टाइपिंग आदि सभी कार्यों में सभी प्रकार से सहयोग के लिए अपने अनुज विकास पाठक का हृदय से आभारी हूँ।

मंगल कामना के साथ

भरत

स्कूल प्रबंधन समितियों का
द्वितीय राष्ट्रीय सम्मेलन
2nd National Convention of
School Management Committees
12 December, 2017
Constitution Club, New Delhi
Right to Education Forum

अनुक्रम

वर दे!

हे ! सरस स्वर स्वामिनी
काव्य सुधा की अविरल धारा।
लय प्रवाह दे अष्फुट शब्दों में
वर दे बल दे माँ सरस्वती ॥

हृदय में उठते भावों को
लयबद्ध शब्दों में व्यक्त करूँ।
कृपाकर ले निज चरणों में
वर दे बल दे माँ सरस्वती ॥

शठ् हूँ माँ हठ करता हूँ
जैसा भी हू मैं तेरा हूँ।
एक कृपा बस एक कृपा
वर दे बल दे माँ सरस्वती ॥

मेरी प्रिय

स्याह घन कच बीच में,
इंदु मोहक मुख मोहे।

कार्तिक की चन्द्रिका सी,
विमल वस्त्र विकास सोहे।

कौमुदी के उर घन,
स्याह अंगिया वक्ष सोहे।

स्याह नभ के तारकों में,
चन्द्र सी मेरी प्रिय सोहे॥

सहगामिनी

मन सुंदर तन साँवरी
उर्वशी तू चंचला मत मारिनी
चल-चल साँवरी.....

चोरी-चोरी चुपके-चुपके
कब पैठ गयी निःशब्द हृदय में
मीठी मोरिनी..........

सजग सदा कब चोरी हो गयी
अंजाने में सबकुछ लुट गयी
कुशल चोरिनी.....

चंचला तेरी चुलबुलाहट उर में
गुदगुदाये हँसाये पीड़ जगाये
संकट मोचिनी.....

विशाल हृदय पर पीड़ा पीड़िता
मोहिता मेरे हृदय में शोभिता
उर शोभिनी.....

भय विछोह हर मिलन
सदा हृदय वासिनी बन स्वामिनी
मेरी सहगामिनी.....

तू ही तू है!

फूलकी सी हवा बादल कज़रारे किरण सुनहरी रूप निखारे।
नयन तेरे चेहरे से चिपके धड़कन कहती कुछ चुपके-चुपके॥

आजा सुन जा, आजा सुन जा प्रेम के मादक पल कुछ दे जा।
आने से तेरे फूल खिले हैं मादक खुशबू हम झूम रहे हैं॥

मन बौराया तन बेसुध है बहकते कदम होता कुछ-कुछ है।
रंग दूँ तुम को होली के रंग में निहारूँ अपलक भंग के रंग में॥

आँखों में भर लूँ रूप रूपहला स्वप्र सजाऊँ पहला-पहला।
इन्द्रधनुष की रंग लहरी में तस्वीर उतारूँ मन मंदिर में॥

जिधर भी देखूँ तू ही तू है घर में तू है बाहर तू है
प्रसाद में तू मदिरा में तू है अजान में तू पूजा में तू है॥

दूर कहीं मंदिर में बजती कंगन की खनक कानों में तू है।
मन में तू कण-कण में तू है मादक दर्शन हम झूम रहे हैं॥

भीगा बदन सावन झिलमिल फगुनी हवा सहलाती हिलमिल।
फूलों की क्यारी में खिलती मदन जगाती पागल करती है॥

शरद निशा की खिली कौमुदी तारों की रानी शशि सलोनी।
सरसों शृंगार करें दिन में खुशबू से सनी पुरवाई तू है॥

महसूस करें मन अंध-बधिर है कैसे वरनौं कोई शब्द नहीं है
मान लिया तू गूँगे का गुड़ है अब और नहीं बस तू ही तू है॥

चंदन का चाँद

चंदन का चाँद तेरे ललाट।
बिंदी के पास क्या सज रहा है॥

शरमा के चाँद बादलों के पास।
आसमान में कहीं छुप रहा है॥

दृष्टि सबकी दास बनती ।
नज़र कोई तरस रहा है॥

मधुमास बनकर उतर आयी।
मद नैनों से बरस रहा है॥

एक घूँट पीने को मिलता ।
रह-रहकर मन मचल रहा है॥

ग़ज़ल

हर कोई मशगूल है ख़ुशी की तलाश में ॥
दास्ताने दर्द आँखों में पढ़ता नहीं कोई ।

हमसफर हमदर्द सभी बनते रहें ॥
दो कदम साथ चलकर दिखाता नहीं कोई ।

जिस्म को छूने तक मंजिल की तलाश थी ॥
रूह से रूबरू हो साथ आता नहीं कोई ।

चेहरे की रौशनी में सभी ढूँढते हैं नूर ॥
मन का अँधियारा टटोलता नहीं कोई ॥

कई पड़ाव बीत गये जिन्दगी में अब तक ।
मेरा महबूब आकर बनता नहीं कोई ॥

गैरों में ही जिन्दगी कट न जाये "भरत" ।
बड़ी देर हो गयी अभी तक आया नहीं कोई ॥

प्रतिक्षा

चंचलता आँखों की तेरी होंठों की मुस्कान।
सम्मोहित सी आँखें मेरी देश काल अंजान॥

मंत्र मुग्ध सा सम्मुख तेरे जो भी आये हो जाये।
बात-बात में सब कुछ अपना आँखों में तेरे खो जाये॥

विधि ने कैसा रचा है तुझको कैसा खूब सजाया।
नख से शिख तक रोम-रोम में सम्पूर्ण सौंदर्य समाया॥

जिसको देखो लगता उसको विधि ने भाग्य जगाया।
जन्म-जन्म का संचित फल पल में कैसे पाया॥

तू चाहे या ना चाहे मैंने तो तुझको चुन लिया।
मन मंदिर में स्थापित कर जन्मों का नाता जोड़ लिया॥

अपना सबकुछ वार करूँगा युगों-युगों तक प्यार करूँगा।
शिकवा नहीं शिकायत कोई प्रतीक्षा दिन रात करूँगा॥

कौन हो तुम

ताज़ी-ताज़ी नहायी हुई सी ।
पसीने की बूँदें घबरायी हुई सी ॥
पहली-पहली रात शमरमायी हुई सी ।
दिलकश बदन तरासी हुई सी ॥
कौन हो तुम कुछ तो बताओ.....

रूप का उजाला नशा क्यों जगाती हो ।
आँखों मे झाँकती हमें क्यों बुलाती हो ॥
हँसती हो छुपकर क्यों गुदगुदाती हो ।
चढ़ाकर नशा क्यों ठुकराती हो ॥
शब्दों में उतर आओ बहकाओ नहीं ।

अर्थों में समाओ बहलाओ नहीं ॥
काव्य अमर कर दो फुसलाओ नहीं ।
काव्य से हृदय में आओ टरकाओ नहीं ॥
जो भी हो तुम प्रेम ज्योति जलाओ ना.....

तुम अच्छी लगती हो!

तुम अच्छी लगती हो मैं प्यार करता हूँ।
तुम सच्ची लगती हो मैं प्यार करता हूँ..... ॥

मासूम चेहरे पर जो सजती रहती है,
निश्छल मुस्कुराहट निमंत्रण देती है।
निर्दोष नैना कजरारे मादक लगती हो,
मस्ती की बरसात मन को छेड़ती रहती हो।
तुम मादक लगती हो मैं झूमता रहता हूँ.....

सादापन तेरा सदा बहार लगती हो,
ताज़ी-ताज़ी सावन की फुहार लगती हो।
जब भी देखूँ नया-नया उपहार लगती हो,
इस धरती कि अद्भुत शृंगार लगती हो।
तुम सुंदर लगती हो मैं अभिसार करता हूँ..... ॥

संकोच में लिपटी अदा आज़ाद कर दो ना,
मेरे संग भी थोड़ा सा इंसाफ कर दो ना।
दिल में बसी हो गीतों में झंकार भर दो न,
गाता रहूँ तुमको ये अधिकार दे दो न।
तुम अपनी लगती हो तुम्हें सजाता रहता हूँ।
तुम अच्छी लगती हो मैं प्यार करता हूँ..... ॥

आ जा सजनी!

आ जा सजनी सावन आया।
साजन तुझे बुलावन आया॥

घोर घटाएँ अम्बर-अम्बर,
फुलकी हवाएँ मंथर-मंथर।
शीतलता से सनी फुहारें,
तन-मन भीगे दिलकश मंज़र।
तेरी सुधि ले बादल आया॥

हरी-हरी घासों में उलझी,
जल की बूँदें चमके मोती।
पोंछ ले नयना देख इधर ना,
कौन पुकारे तुझको साथी।
मिलन की ऋतु मन भावन आया॥

एक होती ख़ूबसूरत

प्रिय आगोश में!

भव्य भू आगोश में बिछी हुई,
कौमुदी घूँघट उठाती कामिनी की ।
सुंदर सलोने स्वप्न कोरे प्रेम के,
शर्मिले नयनों में जाकर तैर जाते ॥

वह चारुता का चाँद चंचल ,
खेलता था छुप-छुपाकर ।
आँख-मिचौनी बादलों से,
था गगन आगोश में वह ।
मैं प्रिय आगोश में था ॥

एक बात कहूँ!

एक बात कहूँ सुन री सजनी,
मन सहमा-सहमा रहता है।
एक नज़र तू दिख जाती,
मन की बाँछे खिल जाती ॥

मिलने से पहले ही क्यों,
खोने की फिकर सताती है।
ऐसी ही बातों में सजनी,
मन बहका-बहका रहता है ॥

अपना कर लो!

इतना करीब आये हो कुछ और चलो।
अनछुई मेरी रूह को एक बार छू लो॥

पहले ही देर हो गयी है मत और सोचो।
संकोच में सिमटी जिंदगी, एक राह दे दो॥

सदियों का इंतज़ार आज रूबरू हुआ है।
समय रेत की फिसलन मुट्ठी मे कस लो॥

जानता नहीं कोई फिर कब मिलन आये।
आ ही गये हो तो अब मत कल पर छोड़ो॥

वादा है मेरा, मेरी अपनी कसम यकीन करो।
जो भी करो बस एक बार अपना कर लो॥

शक्ति

तुम रोने लगती हो मैं टूटने लगता हूँ।
तुम हँसने लगती हो मैं जुड़ने लगता हूँ॥

तुम मेरी किस्मत हो तुम मेरी ताकत हो।
जितना भी पाता हूँ तुम्हीं तुमको पाता हूँ॥

जब भी देखूँ तुमको जरा सा मुस्कराओ ना।
आहिस्ते बोलो कहके जरा सा शरमाओ ना॥

बच्चे आ जायेंगे थोड़ा इधर तो आओ ना।
मेरी हार को हँसकर विजय का रूप दे दो ना॥

हार

दिल हार गया है,
दिल दिमाग के अन्तर्द्वन्द में ।
विश्वास घात से आहत दिल,
हार गया अपनों से ॥

क्यों हारा ? कब हारा ?
पता ही नहीं चला अबतक ।
वे सोचते होंगे, कोसते होंगे हमें,
अपने गिरेबान में बिना झांकें ॥

दिये नहीं साथ दिल का,
अब हार पर हंस रहें होंगे ।
शायद कहीं चाहते भी यही थे,
पाकर नये दिल के साथी ॥

रौनक आ जाती!

जीवन का रंग बदल जाता।
अंदाज़ में रौनक आ जाती.....॥

साथ तुम्हारे तेरे सपनों में।
पल दो पल गुज़र जाते,
धड़कन में तुम्हारे धीरे से।
एक बार भी आकर बस जाते,
जीवन का रंग.....॥

साँवरी तेरे सपनों में बस।
हम भी तेरे संग-संग होते,
तेरी आँखों कि मदहोशी।
मद में चूर हम डूबते जाते,
जीवन का रंग.....॥

ज़र्रा-ज़र्रा प्यारा लगता,
सुबह-शाम में खो जाता।
रात दिन का अंतर भी,
आगोश में तेरे मिट जाता।
जीवन का रंग.....॥

उम्र की सीमा बेमानी सी,
प्यार की दरिया बह जाती।
हर फासले सिमट जाते,
रंगीन फिज़ाएँ हो जाती।
जीवन का रंग.....॥

नयी–नयी सी लगती हो!

जब भी देखूँ तुझको,
नयी-नयी सी लगती हो।
सावन की बरसातों में,
नहायी हुई सी लगती हो॥

नज़र ठहर सी जाती है,
तुझसे चिपक सी जाती है।
लगता है कुछ-कुछ ऐसा,
बंधन मे जकड़ सी जाती है॥

कितना भी छुडाऊँ ख़ुद को,
तू खींचती हुई सी लगती है।
मैं बदसूरत लोहा,
तू चुम्बक सी लगती है॥

तेरी यादों में

तेरी याद में हाँ तेरी याद में ।
रोता है दिल पागल है दिल..... ॥

तू चाहे नहीं मैं कैसे मिलूँ,
हाल-ए-दिल तुमसे कैसे कहूँ ।
समझाऊँ जितना समझे ना मन,
बेचैनी तंग करती हर पल ।
तुझे क्या पता कैसे कटते हैं दिन..... ॥

बिरह की आग में जलता बदन,
जल गये आँसू हुए बंजर नयन ।
आते हुए बादल जाते हुए बादल,
तरसे नयन नहीं भीगे बदन ।
पागल-पागल कहते हैं सभी के सभी..... ॥

भूल गयी वादे कसमें बिसर गयी,
हद हुई तब पहचान से मुकर गयी ।
ऐसा होगा प्यार में जतायी भी नहीं,
अब क्या करूँ कुछ समझे न मन..... ॥

एक होती ख़ूबसूरत

नादान दिल!

तुझे पाने की सूरत कोई दिखती नहीं।
समझाऊँ कैसे इस नादान दिल को.....॥

नहीं मानता है दौड़े जा रहा है,
रेगिस्तान में सरपट मृग-मरिचिका के पीछे।
लगती है ठोकर खाता है धोखा,
रोता है पल-पल तेरे पीछे-पीछे।
समझाऊँ कैसे.....॥

निराशा में डूबा मिलने की आशा,
जन्मों से पीछा किये जा रहा है।
कोई उसे ये समझा दिया है,
लगन है तो प्यार मिलता रहा है।
समझाऊँ कैसे.....॥

ग़ज़ल

अदा बेरुखी की कचोटती ही रहती है।
सहलातीं दवायें पर सफा न हुए ॥

क्या बात है तुम्हारी बेवफाई भी लिए।
सहते रहे मिटते रहे मगर जफा न हुए ॥

सामान तो सारा दिया जुल्म-ओ-सितम का।
जी रहे हैं दर्द में दर से दफा न हुए ॥

कसर कोई न छोड़ी मेरे इम्तिहान की।
शुक्र है खुदा का हम बे-वफ़ा न हुए ॥

तोहमतें लगती रहीं प्यार में हँसते रहें।
यहीं तो चूक हुई हम खफा न हुए ॥

मालूम नहीं कितनी मुद्दत से चाहता हूँ।
क्या कसूर हुआ तुम बा-वफा न हुए ॥

सजनी!

सजनी आयी कल-कल करती,
दिल में चाह जगायी।
वर्षों की गीली लकड़ी में,
कैसे आग लगाई॥

धूँ-धूँ कर ज्वाला भड़कायी,
मन में आग लगायी।
कैसे आग बुझाऊँ,
सजनी कैसे आग बुझाऊँ॥

मत बाँधो मुझे प्रेम पाश में,
मैं पंछी उन्मुक्त गगन का।
मगन-मगन उड़ता हूँ गगन में,
गाता गीत शृंगार लगन का॥

कली-कली और फूल-फूल का,
मस्त दीवाना भँवरा।
सदी-सदी से गुनगुनाता,
मुक्त पवन संग उड़ता जाता॥

मैं हूँ तेरी सजनी जन्मों की,
प्रेम लोक से आयी हूँ।
पाश नहीं यह प्रेम गगन है
तेरे संग उड़ने आयी॥

भावुक मन

आँसू ढलक-ढलक जाते हैं,
आँखें रोक नहीं पातीं ।
भर-भर मन फूटने लगता,
जगह नहीं मिल पाती ॥

बात कोई छू जाती है,
आँखे भर-भर आतीं ।
नन्हें-मुन्ने करे ठिठोली,
देखो पापा रोते हैं ॥

नन्हें-नन्हें कोमल हाथों से,
आँसू पोंछ के हँसते हैं ।
कहते हैं समझाते हैं,
'ये फिल्म है' कहके हँसते हैं ॥

गुदगुदा गयी!

पलक भर नयनों में भर लूँ,
अनंत गगन में विचरूँ।
निज पराग की भीनी-भीनी,
खुशबू से तुझे सजाऊँ॥

पाप पुण्य से दूर कहीं,
जीवन में रस घोलूँ।
बन जा तू मेरी हमदम,
तेरे साँसों में बस जाऊँ॥

अनजानी छुवन मद-मस्त लगी,
तन-मन को अभिभूत किया।
मर्मों को भी गुदगुदा गयी,
रोम-रोम विभोर किया॥

झुकी-झुकी पलकों के नीचे,
लाल-लाल कपोल हुए।
सुहागरात की दुल्हन सी,
कंठ तेरे शब्दहीन हुए॥

मेरे मन!

मेरे मन मेरे मन मेरे मन,
तेरे संग तेरे संग तेरे संग।
कैसे ताल में ताल मिलायें..... ॥

तेरा चंचल-चंचल चिर यौवन,
मेरा ठहरा-ठहरा तन नश्वर।
कैसे ताल में ताल मिलायें..... ॥

तेरे संग संग चले तन बन्धनवत,
समझ समझ मेरे तन का जड़पन
कैसे ताल में ताल मिलायें.....

तेरी चाहतों से ये दुनिया भी कम,
मेरे तन की तो लघु जरूरत।
कैसे ताल में ताल मिलायें..... ॥

रूक जा रूक जा मेरे मन मेरे मन,
आजीवन संग-संग चल मेरे तन-मन।
सरगम में ताल से ताल मिलायें..... ॥

कहाँ तू सोयी है

दिल की गहराई में कहाँ तू सोयी है।
आवाज़ दे रहा हूँ कहाँ तू खोयी है.....॥

पसर रही है खुशबू मेरी साँसों में,
तस्वीर सज रही है मेरी आँखों में।
ये हवाएँ तेरी ही गीत गाती है,
लगता है हर ओर से तू ही आती है।
दिखाई नहीं देती कहाँ तू सोयी है.....॥

ये सोंधी-सोंधी खुशबू तू कहीं नहीं है,
भीगी-भीगी धरती पानी कहीं-कहीं है।
ये आवारा बादल कहीं आ जा रहे हैं,
सिर झुकाये पत्तों से पानी चू रहे हैं।
शायद मेरी याद में तू यहीं पर रोयी है,
आवाज़ दे रहा हूँ तू कहाँ पर सोयी है.....॥

हँसते-हँसते!

शोख़ ज़वानी चंचल आँखें,
मीठी-मीठी फूल सी बातें ।
बात-बात में मुस्कुराना,
ना-ना करना हँसते-हँसते ॥

कैसे मानूँ क्या मैं मानूँ,
चितवन का यह कैसा जादू ।
घायल दिल मेरा ना ना करता,
हरपल तुम को ढूँढ़ता रहता ॥

काली बदरी आसमान में,
चमके बिजुरी मुस्कान में ।
मन मयूर मेरा नाच-नाच,
प्यार की बारिश गा मल्हार ॥

काली कोयल बाग-बाग में,
छेड़े तान तेरी बात-बात में ।
कानों में माधुरी घोल-घोल,
अधकटी गीत है बोल-बोल ॥

एक होती ख़ूबसूरत

तुम्हारा एकटक झाँकना!

तुम्हारा एकटक झाँकना आँखों में
दिल की अथाह गहराई तक
मुस्कुराकर पलकें झुका लेना
तुम्हारा शरमा जाना
क्या है बताओ न
मैं समझ नहीं पाता
तमाम कोशिशों के बाद भी
डरता हूँ कहीं समझ गलत न हो
कुम्हला न जाये अधखिला कँवल
पल में छुई-मुई सी
अगर हुआ ऐसा कसम उनकी
टूटेगी सहन की सीमा भी
बर्बादियाँ किस्मत कि चौकीदार होंगी
लूट जायेगी हृदय की पीड़ा भी
तुम्हारा एकटक झाँकना आँखों में
क्या है?

कम्मों!

खुशियाँ अपार आती हैं,
तेरी यादें साथ लाती हैं।
घिरता हूँ आफतों में,
तेरी याद काम आती है।
ऐ मेरे रहनुमा,
तेरा दीदार चाहता हूँ।
कम्मों के आँचल का,
प्यार चाहता हूँ॥

मेरी कम्मों प्यारी कम्मों,
सारे जग से न्यारी कम्मों।
हँसती है तो चंद्रमुखी,
रोती है तो नीरमुखी॥
कहीं ज़रा सा गुस्सा आये,
चलती-फिरती ज्वालामुखी।
प्यार करे तो प्रेममुखी है,
शीतल सरस सौंदर्यमुखी है।

एक होती ख़ूबसूरत

यादों में तेरी!

पाने की चाहत छूने कि आशा,
जाने क्यों अपने-आप हो रही है।
सिमटता बदन टटोलती अँगुलियाँ,
जाने क्यों महसूस हो रही है॥

आमंत्रण नहीं दिल से तुम्हारे,
प्यार पकने में कसर रह गयी है।
तपस्या में तपता बदन जल रहा है,
स्पर्शों की शीतल सिंचाई की आशा॥

तपस्या के दिन कब होंगे पूरे,
जाने हम तब तक रहे न रहे ।
वरदान दो कुछ उम्मीदें जगें,
समाधि लगे न यादों में तेरी॥

करीब तेरे ही मिले!

मखमली एहसास-ए-खुशबू,
करीब तेरे ही मिले।
गुदगुदी रोमांच की,
करीब तेरे ही मिले॥

ऐसे ही हम पागल नहीं,
तेरे पास आने के लिए।
धड़कनों में जान सी,
करीब तेरे ही मिले॥

हज़ारों मुलाकतें हैं,
दीदार से भरी हुई।
सकून दिल को बार-बार,
करीब तेरे ही मिले॥

चलते हुए कदम,
तेरी ओर मुड़ जाते हैं।
एहसास-ए-मंज़िल पाने का,
करीब तेरे ही मिले॥

एक झलक भी देख लूँ,
तो चैन मिल जाता है।
इस रोग से राहत थोड़ी,
करीब तेरे ही मिले॥

क्या पता क्या बात है,
कोई बात तो लगती नहीं।
एहसास अपनेपन का,
करीब तेरे ही मिले॥

सुबह के सपने!

सुबह-सुबह सपने में आयी,
क्या सच होगा सपना ।
आशाओं के फूल खिले,
सबकुछ लगता अपना ॥

सहलाती सूरज की किरणें,
पुरवा गुदगुदाये ।
नींद खुली तू कहीं नहीं,
आँखें नींद बुलाये ॥

नींद निगोड़ी चली गयी है,
संग लेकर के सपने ।
सूनी आँखें अंबर देखें,
शायद सच हो सपने ॥

खुशियों के मेले हैं!

उदासी तेरे चेहरे की नैन मेरे रोते हैं।
चाँद को लगा ग्रहण सिसकते सितारे हैं ॥
सुबह खो गयी मेरी ये कैसे कुहासे हैं
शबनम भिगोती सबको उबाऊ अँधेरे हैं ॥
आशा की किरण एक नन्हीं-मुन्हीं रब देता।
अँधेरों की कोख से निकलते सवेरे हैं ॥
सुबह की किरण कुछ खुशियाँ बिखेर देती।
कुदरत की रौशनी में कुछ हिस्से भी हमारे हैं ॥
उदासी तेरे चेहरे की खुशियों से धुल जाती।
ख्वाहिश मेरे दिल की तेरे ही सहारे हैं ॥
सुबह मिल गयी है मेरे छँटते कुहासे हैं।
शबनम चमकती रब ने मोतियाँ बिखेरी हैं ॥
सोने की किरण हौले-हौले गुदगुदाती हैं।
ज्योती जगमगाती मन में खुशियों के मेले हैं ॥

एक होती ख़ूबसूरत

कब होंगे पूरे!

आये ज़मीन पर आधे-अधूरे।
साथी कहाँ है कब होंगे पूरे.....॥

प्यासी नज़र मेरी कण-कण ढूँढ़ें,
चलते क़दम मेरे पल-पल रूके।
चंचल चित्त को चैन कहाँ है,
मधुर मिलन कि रैन कहाँ है।
छलते रहे मुझे सपने अधूरे,
हमदम कहाँ है कब होंगे पूरे.....॥

कोई चितेरा भर नहीं पाये,
मन की रंगोली रंग को तरसे।
विरह में कब तक गोते खाऊँ,
होली के रंग कब आँगन बरसे।
मिलते रहे मुझे आस अधूरे,
साजन कहाँ है कब होंगे पूरे.....॥

आये सवेरा जाये सवेरा,
मिटता नहीं मन का अँधेरा।
कौन जतन क्या जोग करूँ,
छँट जाये तमस हो जाये उजेरा।
ठगते रहे मुझे जनम अधूरे,
मेरा सत्य कहाँ है कब होंगे पूरे.....॥

आरज़ू!

ये उनींदी आँखें ये बुझा-बुझा सा चेहरा।
उदासियों ने डाला कब कैसा मनहूस पहरा ॥

क्या बात है ज़नाब क्या ख़ता हुई है।
मेरी चाहतों का बदला रब ने दिया है कैसे ॥

मेरी बेबसी का आलम क्या बताऊँ तुमसे।
दिल की कराहें कैसे सहता रहा हूँ कब से ॥

तू चाहती है मुझको यही है मेरी मंज़िल।
दुआ है दिल की हर पल हो तेरी महफिल ॥

जिन्दगी का हर पल तेरी रज़ा से गुज़रे।
गम के समंदर में भी मुस्कुराते गुज़रे ॥

ये जिंदगी है तोहफा नज़रे इनायत रब की।
सँभल-सँभल कर जी ले आरज़ू है मन की ॥

प्यार तेरा सच्चा तुझी को मिलेगा।
ज़रा देर है मगर अँधेरा नहीं मिलेगा ॥

ये वादा सनम दिल में भरोसा कर लो।
प्यार की तपस्या मुश्किल आसान कर लो ॥

समर्पण

वो एक झलक की बात थी
उनको दिखाना था
आँखों में आँसू नाच गये
उनको छुपाना था
गुमान था उनको
हम लाचार हैं
आँसू का जहर पीकर
हार को बचाना था
अहं की जंग है
प्यार को बचाना है
ऐसे तो मर जायेंगे
उल्फत में जंग की भाषा
समझ ही नहीं बनती
उनको क्या समझाऊँ॥

एक बार तो रोको ना!

मिलन की मधुरतम बेला मदहोश प्यार की चरम सीमा।
इस जीवन में सम्भव है क्या प्रियतम कुछ तो बोलो ना ॥

चंचल चितवन की चोट, तड़प घायल हृदय की कातर।
कुछ जो मरहम होगा ठण्डक इन घावों पर लेपो ना ॥

सीमा टूट रही सहन की तन्हाइयों का पहरा है।
कहीं साँस न घुट जाये, कुछ तो अमृत घोलो ना ॥

उजड़ न जाये चमन चाहतों की, निष्ठुर पतझड़ में।
प्यार की महकी हवाएँ पट बहार के खोलो ना ॥

कसमसा रहे हैं फूल गज़रे के तेरे जूड़े में।
एक बार मेरे हृदय आँगन में इन बालों को खोलो ना ॥

विरह की जलन में तन झुलस रहा उमस में।
अधजले परतों को सहला सुर्ख नखों से छेड़ो ना ॥

पत्ते टूटते हैं खास मौसम में टहनी से हर साल।
मगर बिन मौसम मैं क्यों टूटूँ एक बार तो रोको ना ॥

तोहफा!

ये तन्हाइयों का तोहफा वे खट्टी-मीठी यादें।
ये टीस ये कसक उनके प्यार की निशानी है॥

मुस्कुराता चेहरा कभी छलछलाई आँखें।
अश्कों में डूबी जिन्दगी प्यार की कहानी है॥

वे शोख निगाहें चंचल बिखरे-बिखरे गेसू।
फूलों सी महकती वे मधुमास की जवानी हैं॥

बनते बिगड़ते अक्स ख़्वाबों की तरह।
जुल्फों से महकती हवाएँ साँसों की वैशाखी हैं॥

ज़िन्दगी जो वारी थी गमों से सजाया है
धड़कनें ये साँस ज़िन्दगी से अन्जानी है॥

शिकवा-गिला कुछ भी नहीं कुछ भी नहीं।
जो कुछ मिला बहुत कुछ मिला मेहरबानी है॥

जा रे बदरा!

काले-काले श्याम सजीले रंग सलेटी आते-जाते।
नीर के बादल छलकाते धरती की प्यास बुझाते जाते ॥

बूँदा-बाँदी रिमझिम-रिमझिम कहीं पर बरसे कस के पानी।
साजन की याद दिलाती बदरी भीगे अंग थिरकती कजरी ॥

गरर-गरर चमके चपला सिहर-सिहर रोमांच भरे।
जल की बँदूों से भीग-भीग छन-छन तन से भाप उठे ॥

नयनन में मिलन के भाव जगे तन में रति ने ली अँगड़ाई।
तेज हवा जल की बौछारें जलते दीये बुझाई दिये ॥

नींद निगोड़ी दूर खड़ी आग लगा बरसात थमी।
रतिया बैरन लम्बी हो गयी करवट से सेजिया टूट गयी ॥

सावन की सौगातें साथ पिया बिनु बरसाती रात।
पानी आग लगावत तन में कौन बुझाये चैन जगाये ॥

प्यासी धरती मुस्कुरायी मुझ प्यासे को जला गयी।
जा रे बदरा तू भी जा अबकी साजन को संग ले आ ॥

ख़्वाब न होता!

छिटकती हुई चाँदनी शीतल,
दरिया का किनारा होता।
नरम-नरम रेत का बिस्तर,
शबनमी शामियाना होता ॥

मखमली आग़ोश उनका मयखाना,
उम्र का चढ़ता नशा होता।
केशों को छेड़ती अँगुलियाँ कोमल,
साँसों से पिघलाता बादल होता ॥

मदहोशी का आलम ख़्वाब न होता,
काश मैं भी वहाँ होता ॥

अधूरा रह जाता हूँ!

निर्दोष यौवन मधुर मुस्कान झील सी गहरी आँखें।
नज़र मिले हर बार ठगा सा रह जाता हूँ॥

घने जुल्फों के उलझन में गुलाब की तरह।
सुलझाने की कसरत में उलझकर रह जाता हूँ॥

मालूम है मेरी हस्ती तेरे दीद के काबिल नहीं।
आँखें ही नहीं मानती दिल से बेचैन रह जाता हूँ॥

कुछ तरकीब तो होगी तेरे पास मेरे दोस्त।
कुछ तो बताओ क्यों दीदार से दूर रह जाता हूँ॥

अगर यही रहा हाल तो कैसे गुज़र पायेगी।
सफर जिन्दगानी में हर पल अधूरा रह जाता हूँ॥

मेरे सुबह के साथी!

मेरे सुबह के साथी संग-संग रहना.....
देख अँधेरा भाग न जाना दुःख में साथी छोड़ न जाना
मेरे सुबह के.....

दुःख के बादल छँट जायेंगे साथ रहो दुःख बँट जायेंगे
मेरे सुबह के.....

गहन अँधेरा हो जितना भी एक नयी सुबह तो आयेगी
मेरे सुबह के.....

सोना किरणें बरसायेगी संग-संग हम मुस्कायेंगे
मेरे सुबह के.....

चिड़ियाँ चहकेगी बगिया में जीवन में खुशियाँ आयेंगी
मेरे सुबह के.....

आओ न!

एक टक निहारता हूँ कब से।
ढूँढ़ता हूँ कई जन्मों से तुमको ॥

कहाँ छुप गयी हो बादलों में।
शीतल सुगन्धित पवन के झोंको में ॥

फूलों की खुशबू बिछी धरा पर।
आहिस्ता-आहिस्ता आओ उतर के ॥

मखमली प्यार के मदहोशियों में।
आसमान से मेरे दिल के आगोशों में ॥

कामनाओं के गुलशन में आओ ना।
कम्मो अपने आँगन में आओ ना ॥

सदमा

धक से रह गया हूँ सुनकर

तेरे जाने की खबर

जिन्दा हूँ क्यों ना मौत आयी

सुनकर ये मनहूस खबर

अफ़सोस इसे तेरी बेवफाई कहूँ

या किस्मत का कहर

जमाने की ज्यादती कहूँ

या अपनी तड़प

समझाते-बुझाते रो रहे हैं

मैं और मेरे रह गुज़र

ये दिल ये आँखे बन गये हैं

उदासी के समन्दर

यौवन ढलता जाये!

पहली नज़र में देख तुझे लगा था साथ पुराना।
मिलकर भी रह गया अकेला तेरा एक दीवाना॥

समय नहीं तुझको यारों से किसको दर्द सुनाऊँ।
तु मुझको अपना ना समझे गैर ना तुझको मानूँ।

अंतर में कैसे घुट रहा हूँ तुझको कैसे समझाऊँ।
शरम झिझक डर के बंधन से कैसे बाहर आऊँ॥

दूर खड़ा हूँ देखता तुझको फिर क्यों ऐसा लगता है।
कोई और पुकारे तुझको क्यों अच्छा नहीं लगता है॥

एक आशा थी देखकर तुझको कभी तो तू मुस्कायेगी।
दुनिया के नज़रों से छुपकर कभी तो पास बुलायेगी॥

पर ऐसा हुआ नहीं अब तक समय गुज़रता जाये।
पल-पल प्रतीक्षा में तेरे मेरा यौवन ढलता जाये॥

तुझे क्या मालूम!

नींद भरी अलसायी आँखों में तैरते सपने।
सपनों में तुम आओ तो रंगीन नशा कुछ बढ़ जाये ॥

फूलों से लदी रंगीन वादियों में तुम मिलो।
गुदगुदी दिल में मचे तो रंगीन नशा कुछ बढ़ जाये ॥

दुधिया चाँदनी में नहायी हिमानी शिखर से उतरती हुई।
घुलती हवा में पायल की रुनझुन तो रंगीन नशा कुछ बढ़ जाये ॥

तुझे क्या मालूम कितना ख़ूबसूरत ख़ुदा ने बनाया तुमको।
तेरे करीब आने से हर महफिल में यूँ ही रंगीन नशा कुछ बढ़ जाये ॥

खूबसूरत वादियों में महकी हवाओं की खूबसूरत मलिका।
सभी जानते हैं तेरी मुस्कानों से हर महफिल का नशा कुछ बढ़ जाये ॥

जब भी करीब आओ!

तुम जब भी करीब आओ छू लो
तो चैन पड़ जाये
मगर तुम तो दूर से ही
देखकर ठहर सी जाती हो।
सोचता हूँ करूँ ज़माने भर
की बातें तुमसे
मगर पड़ते ही सामने
मेरे होंठ ठहर से जाते हैं।
काश हर रात गुज़रे ख़्वाबों में
तेरे साथ-साथ जीवन
तुझे ऐतराज़ होगा सोचकर
मेरे ख्वाब ठहर से जाते हैं।
कोशिशें तमाम तुझे भूल जाने की
हर बार नकाम होती
जब भी गुज़रता हूँ तेरी गली से
तेरे दर पर नज़र ठहर सी जाती हैं।
कैसे कहूँ तुझे मैं चाहता हूँ
जन्म-जन्मान्तर से
हर पल हर हाल में
ज़माने भर की बंदिशों में
मेरे सारे अरमान प्यार
ठहर से जाते हैं।
कुछ तुम भी तो नहीं करती
उपाय कि चाहतों में रंग भरो
मैं तो हूँ मजबूर सनम
हर बार मेरे कदम
क्यों ठहर जाते हैं॥

हर पल मेरी आँखों में!

हर पल मेरी आँखों में तस्वीर तुम्हारी सुंदर

नींद उड़ा के चैन चुरा के बस गयी मन के अंदर

दसों दिशाएँ तू ही दिखती

हवा में तेरी ही खुशबू हैं

उमंग मिलन की जाने कब से

स्पर्श जगाये मन बौराये रच गयी मेरे अंदर

हर पल.....

पागल सा मन ढूँढ़े हर-पल

आहट पर व्याकुल होता

कैसा जादू किया ये योगन

उन्माद जगाये अगन लगाये तुम बरसों मेरे ऊपर

हर पल.....

जनम-जनम का बंधन जोड़ो

राहें देखते तन-मन हारे

और परीक्षा मत लो मेरी

प्यार जगा के लगन लगा के मत ज़हर घोलना अंदर

हर पल.....

क्यों जग तड़पाये मुझको
क्या मैंने पाप किया है
जो भी लगे अपना सा
ठोकर दे के बेबस करके
लूट लिया दिल मन्दिर
हर पल.....

आ जाओ मत रूक जाओ
परवाह करो मत जग की
प्यार अमर पुकार रहा है
जग के बंधन तोड़-ताड़ के सृजन करो प्रेम मन्दिर
हर पल.....

जबसे तुझको देखा है!

जो कुछ देखूँ सुंदर दिखता जबसे तुझको देखा है
बात-बात में मुस्कुराता जबसे तू मुस्काई है

पैर थिरकते राहों में भी
खुद पर शरम सी आती है
टोक न दे कोई हमराही
सोच ठहर सा जाता हूँ
जो कुछ.....

ख़ुद ही ख़ुद से बात करूँ
गज़ब आशिकी छायी है
सुधि नहीं अब अपनों का
तेरे धुन में गाता रहता हूँ
जो कुछ.....

मिल जाये तो बात बने
सोच-सोच इतराता हूँ
पलक बिछाये राहों में
तेरी राहें देखता रहता हूँ
जो कुछ.....

बुख़ार-ए-आशिकी चढ़ा हुआ
तन-मन व्याकुल रहता है
कब आओगे कुछ तो बोलो
आलिंगन की शीतलता वैद्य बताता रहता है
जो कुछ.....

कामिनी!

कामिनी तू कौमुदी चंद्रमा की कान्ति।
यामिनी पूनम की थके दिलों की शांति॥

आ जा रे आ जा रे,
धुनी रमाये बैठा योगी।
जिन्दगी मे छा जा योगिनी,
कामिनी तू.....॥

उर्वशी फूल सी हँसी,
महक जाये जिन्दगी।
संगीत तराना बन जा रागिनी,
कामिनी तू.....॥

मेघ माली बरस गये,
फूल-पत्ते सहम गये।
तू अंक में समा जा संगिनी,
कामिनी तू कौमुदी.....॥

घरवाली

अरे बुद्धू अरे बुद्धू
छोड़ो ना कोई आ जायेगा
समझो ना मजबूरी मेरी
जल जायेगी रोटी मेरी
बच्चे आने वाले हैं
खाना भी पकाना है
बाबूजी भी आये हैं
कैसे आप दीवाने हैं ।

अरे बुद्धू अरे बुद्धू
छोड़ो ना कोई आ जायेगा
समझो ना मजबूरी मेरी

बहो ना कल-कल!

हर बात बेधड़क निकलती थी होंठों से।
निर्मल भरोसे के आँगन में ॥

अब आकर रुकती है होंठो तक।
कुछ लौटती है कुछ ठहर जाती है ॥

कुछ सँभल-सँभल कर निकलती है।
सहमी हुई कुहासों के आँगन में ॥

मेरी कम्मों कहाँ उलझ गयी है।
काव्य नियमों छंदों के आँगन में ॥

यह हृदय आँगन ही उपयुक्त है।
तुम्हारे निर्बाध विचरण विहार नृत्य-गान हेतु ॥

न नियम न छंद न बंदिश।
बहो न कल-कल करती नदी की तरह ॥

एक होती ख़ूबसूरत

मुक्तक

झुकी-झुकी ये घनी घटाएँ,
बहती मंद पवन की भाषा।
जो कुछ मैंने समझा है,
तुम भी वही समझती हो क्या ?

दिल्ली की उमस भरी गर्मी में,
कूलर, ए.सी. की ठंडक हो।
फ्रिज की ठंडी कोको कोला,
मेरा तन-मन शीतल कर जाओ ना ॥

बाट जोहते कई युग बीते,
एक झलक दिखा जाओ ना।
डूबती साँसो का स्पंदन बन,
कोई मधुर रागिनी छेड़ो ना।

पीपल की शीतल छाँव तले,
पनघट की चंचल पनिहारिन।
पीड़ित प्यासा एक पथिक,
आर्द्र अधर को कर जाओ न ॥

कुछ करीब आऊँ?

अब देखने भर से जी नहीं भरता ।
कहो तो खिसक कर कुछ और करीब आऊँ ॥

तेरी धड़कनों का गीत सुनाई नहीं देता ।
कहो तो कान पर रखकर हाथ करीब आऊँ ॥

अँगुलियाँ थक रही घड़ी गिनते इंतज़ार की ।
कहो तो ख़्वाबों में ही कुछ क़रीब आऊँ ॥

ख्वाबों का हवाई सफर कब खत्म होगा ।
कहो तो ज़मीन से होकर कुछ करीब आऊँ ॥

जिन्दगी नीरस हो गयी है दूर रहकर ।
कहो तो समाचार बनकर कुछ करीब आऊँ ॥

हँसकर जी लेंगे तमाम तोहमतों के बीच भी ।
कहो तो ख़्वाबों में ही कुछ क़रीब आऊँ ॥

एक होती ख़ूबसूरत

अभी ना जाओ तुम!

अभी-अभी तो आये हो अभी-अभी ना जाओ तुम।

रुको ज़रा न पल-दो-पल

जी भरके तुमको देख लूँ

स्वप्न हो या सच हो तुम

छू करके तुमको देख लूँ

जनम-जनम तड़पाये हो अभी-अभी तो आये हो।

देखो हवा मचल गयी

दिशा दसों महक गयी

अतिथि के सत्कार में

कण-कण धरा सँवर गयी

हँसो ना क्यों घबराये हो अभी-अभी तो आये हो।

बैठो ना कुछ कहो सुनो

चाहतों में रंग भरो

झिझक छोड़ो पास आओ

मेरी साधना में साथ आओ

छू लो ना क्यों शरमाये हो अभी-अभी तो आये हो।

अभी-अभी ना जाओ तुम॥

तू आयी नहीं!

तू आयी नहीं मैं बुलाता रहा हूँ तेरी याद में गीत गाता रहा हूँ ॥

उदासी का कारण सब पूछते हैं
तुम्हें क्या बताऊँ क्या पूछते हैं
बात छुपती नहीं मैं कसमसाता रहा हूँ तेरी याद में.....

ज़रा सी भी आहट पर नज़र उठती है
तू ना दिखे तो एक हुक उठती है
तू बिसरती नहीं मैं बिसराता रहा हूँ तेरी याद में.....

लगता है दूर से तुम्हीं आ रही हो
आते करीब ही बदल क्यों रही हो
वही तो हो तुम जो मैं ढूँढ़ता रहा हूँ तेरी याद में.....

मिलना नहीं है तो क्यों चाहतें जगायी हो
अकेला ही ठीक था क्यों प्रीत लगायी हो
तुम मिलती नहीं मैं भटकता रहा हूँ तेरी याद में.....

भुला दिया है!

तुमने तो मुझको भुला दिया है, हँसा-हँसा के रूला दिया है।

जाने को कहती जान निकलती मेरे उपवन में आग सी लगती॥

जलन विरह की सोच-सोच के तार-तार मन हिला दिया है।

तुझ बिन जीवन सुना पतझड़ चाँद को तरसेगा नभ मण्डल॥

कैसी होंगी वे काली रातें स्वप्न भयंकर डरा दिया है।

जब से तू आयी जीवन में सौ-सौ सपने सजते मन में॥

तुझ बिन इन सपनों की हालत क्या होंगी क्यों डरा दिया है।

मत जा मुझको छोड़ के तन्हा कैसे जियेगा तेरा पपीहा॥

ठहर ज़रा तू सोच हृदय से प्यार का कैसा सीला दिया है॥

एक पलक बस!

क्या कहूँ? कैसे कहूँ? कहने की कहाँ फुर्सत है।
एक पलक बस देख रहा हूँ साँवली सूरत सब कुछ है॥

हँसती है तो किस्मत चमके
आती है तो दिन फिरते
सुनकर तेरी क्षेम-कुशल
खुशियों के झरने झरते
तुझको पाकर पा लिया है अब और नहीं बाकी कुछ है॥
एक पलक बस.....

चंचल नैना गहरा सागर
तैर-तैर डूब जाता हूँ
होंठ रसीले मूँगा-मखमल
छू करके जी जाता हूँ
जीवन पाया पाकर तुझको अब और नहीं बाकी कुछ है॥
एक पलक बस.....

बादल सी जब जुल्फ बिखरती
चाँद सा मैं छुप जाता हूँ
अमृत वर्षा प्यार की वारिश
पुलक-पुलक भीग जाता हूँ
अमृत पाया पाकर तुझको अब और नहीं कुछ बाकी है॥
एक पलक बस.....

एक होती ख़ूबसूरत

तेरी यादों के बादल!

तेरी यादों के बादल मेरे गगन में,
उमड़ते-घुमड़ते रुक-रुक बरसते।
भिगोते हैं मुझको तेरी विरह में,
बुझते अगन को हवा दे रहे हैं॥

बरसो इक बार मेरे आँगन में,
लम्बी जुदाई मिलन की घड़ी है।
हो क्या गया चल क्यों दिये हो,
किसकी ख़ता की सज़ा दे रहे हो॥

जब चले ही गये हो तो कह दो इन्हें भी,
तंग ना करें नींद आने लगी है।
उम्मीद मिलन की तो ख्वाबों में है बस,
जगने की अब क्यों दवा दे रहे हो॥

तेरा तुझको माँगता है

सोलहों शृंगार से सजता हुआ सौन्दर्य तेरा,
त्याग की बुनियाद पर पनपा हुआ है प्यार मेरा ।
मिलन का संयोग दे-दे मेरी कामिनी अर्धांगिनी,
जलता दिवाकर माँगता है मधुर शीतल चाँदनी ॥

यौवन की गगरी छलक-छलक देती मुझको आमंत्रण,
पाषाण हृदय जग ना समझे मेरे मन की चाह प्रबल ।
हृदय का एक कोना दे-दे मेरी पूजिता प्राणेश्वरी,
व्यथित बंजारा माँगता है थोड़ी सी धरती हरी-भरी ॥

चाँद से खेल रहे बादल मैं धरती पर क्यों हूँ,
पंख लगा दे मेरी मलिका मैं भी तुझ तक आ जाऊँ ।
स्पर्श का मादक पल दे-दे मेरी प्रेयसी चिरसंगिनी,
प्यासा पपीहा माँगता है स्वाती की संजीवनी ॥

सुंदरता भी शर्माती है जब तू आती है उपवन में,
फूल-फूल नतमस्तक होते खुशबू तेरी ही कण-कण में ।
आने का आमंत्रण दे-दे मेरी उर्वशी श्यामल सजनी,
तेरा प्रेमी आतुर माँगता है झलक भर प्रियदर्शिनी ॥

विरह वेदना सहते-सहते प्राण नहीं मेरे तन में,
वैद्य विशारद असमंजस में औषध ना कोई जग में ।
हृदय को स्पंदन दे-दे प्राण प्रिये संजीवनी,
मरता रोगी माँगता है, पल दो पल की जिंदगी ॥

प्रतीक्षा की कठिन परीक्षा पिया बसे परदेस,
सब्र की सीमा टूट रही है मिलन का ना कोई संदेश ।
कुशल क्षेम की पाती दे-दे मेरी काव्य सुधा कामायनी,
तेरा तुझको माँगता है जनम-जनम की प्रिय संगिनी ॥

एक अवसर

मदिरा महकी बहक गया तेरे प्यार का नशा।
पल में सब कुछ बिखर गया मेरे प्यार का नशा॥

फूल से नाजुक होंठों को कड़वी मदिरा चूम गयी।
प्यार का जादू-छूमंतर मेरी आशियाँ उजड़ गयी॥

उनके प्याले को शायद मेरा प्यार भर न पाया।
शर्मिंदा हूँ स्वयं पर कहाँ कसर छोड़ आया॥

एक अवसर दे-दो मुझको प्यार का समन्दर दे दूँ।
जिन्दगी को रंगों का एहसास मोहब्बत सुंदर दे दूँ॥

दूर चमकते बालू पर!

अवसाद के बादल क्यों छाये,
अभी-अभी तो आयी थी।
नयनों की भाषा पढ़कर,
शायद हौले से मुस्कायी थी॥

मिली नहीं तो क्या हुआ,
मिलने की आस जगायी है।
दूर चमकते बालू पर,
एक धुंधली तस्वीर बनाई है॥

भँवर भयानक मेरा जीवन,
दिशाहीन चलना ही चलना।
प्यार की भूल-भूलैया में,
जनमों से प्यासा भटक रहा हूँ॥

एक होती ख़ूबसूरत

यूँ न देखा करो!

यूँ न देखा करो हम तो मर जायेंगे ।
मुस्कराओ ज़रा हम सँवर जायेंगे ॥

इतने नज़दीक से प्यार देखा नहीं ।
अब और पास आये बहक जायेंगे ॥

खुशियों की लहर दिल को सहलाती है ।
साँसों की ऊर्जा पिघल जायेंगे ॥

मेरे पतझड़ तूने प्यार से रंग दिया ।
अब छेड़ो नहीं रंग उतर जायेंगे ॥

कैसी चिकानाई है ये तेरे प्यार में ।
ज़रा पकड़ों नहीं तो फिसल जायेंगे ॥

आँखें बोझिल हुई नशा चढ़ने लगा ।
अब सम्भालो नहीं तो बिखर जायेंगे ॥

पंछी

उड़ता जाऊँ उड़ता जाऊँ मैं जंगल का पंछी।
थल से पाऊँ दाना-पानी नभ में मारूँ मस्ती॥

तरुवर-तरुवर झाडी-झाड़ी, खर-पात का साथी।
चारू, चराचर रूप मनोहर देख-देख इतराती॥

दिन-रात का चक्र निरन्तर चलता रहता, चलता रहता।
नया पुराना बदल-बदल कर होता रहता चलता रहता॥

यौवन का रंग फिका पड़ता, ढ़लता रहता, ढ़लता रहता।
रंग चटक चमके हरदम, ऐसा रंग उपवन में भर दूँ॥

मेरी यामिनी!

सुनिये रुकिए देखिये जी।
सदियों से आपको पहचानता हूँ॥

मुझे नहीं मालूम क्या रिश्ता है।
बताइए ज़रा मेरी अनामिका॥

दंत दर्पण में छवि निहारता हूँ।
देखने से दीप्त चेहरे की चमक॥

बालों को अपने सँवारता हूँ।
हँसो ज़रा हँसती रहो मेरी कामिनी॥

कजरारे नयनों में गहरी मदिरा।
चंचल लहरें नाचती है पलकों में॥

डूबने को थोड़ी सी जगह दे दो।
देखो ज़रा देखते रहो मेरी यामिनी॥

सकून दिल को मिलता ही न था।
मंदिर हो या मदिरा के प्याले॥

आज मिल गये हो ठहरो ज़रा।
बोलो-बोलो बोलती रहो मेरी पुजिता॥

कविता के नाज़ुक शब्द ताल में।
सपनो के दिलकश रूप जाल में॥

कहाँ-कहाँ नहीं ढूँढ़ा तुमको।
मिलो मिलती रहो मेरी प्रेमिका॥

जाने कब से तुम्हें तलाशता हूँ।
अपनी छीजती तस्वीर सँवारता हूँ॥

कुछ और रंग भर लेने दो चटक।
बैठो, बैठी रहो मेरी अभिसारिका॥

थमते ही नहीं स्पंदन अब भी।
नयन भरते ही नहीं मैं क्या करूँ॥

अधीरता को कुछ तो विराम दे दो।
छू लो ज़रा छूती रहो मेरी वामिनी॥

भुला ही न पाऊँ!

तुझे भूलना तो चाहूं भूला ही न पाऊं ॥

ये कैसा तेरा जादू,
नशे में झूमता हूं ।
दूर जितना जाऊं,
यादों में घूमता हूं ।
तेरी यादों का उलझन सुलझा न पाऊं ॥

तेरे दर से मेरी चाहतें,
सुकून मांगती हैं।
मायूस ये तरंगें,
किनारों से पूछती हैं ।
उलझी हुई भंवर है पार कैसे पाऊं ॥

चंदन बदन!

सहला रहे चंदन बदन,
केश काले झूमते ।
चाँद पर चिलमन बिछाये,
कंधे सुकोमल चुमते ॥

आँख को बंधक बनायी,
चेतना को शून्य करती ।
दृश्य तन-मन मोहती,
सौन्दर्य से उर सींचती ॥

मूक आँखें अंधी जिह्ला,
सौन्दर्य को क्या शब्द दे ।
चुपचाप सागर में कहीं,
सौन्दर्य सिक्त मुक्ता चुनते ॥

एक तेरे बिनु!

कहाँ गयी मन ढूँढ़ें तुझको पल-पल।
आ के मिल नहीं रुक जायेगी धड़कन॥

आ के मिल मेरे मन के मीत,
लहरा के सावन आया है।
काले बादल बरसे रिमझिम,
तेरी यादे पुरवा लाया है।
तू भी आ जीवन में हो हलचल,
गुमसुम बैठा देखूँ राहें कब तक॥

ये सावन मनभावन रिमझिम,
मन में अगन जगायें।
एक तेरे बिनु महकी हवाएँ,
तन-मन चुभन जगाये।
तू आये राहत मिल जाये शीतल,
प्राण पखेरू तुझे पुकारें पल-पल॥

कलम एक ओर धरी!

आकर्षण तेरी सुन्दरता की प्रीत की डोर बनी।
मैं चातक तू चाँदनी मधुर मिलन मदहोश बनी..... ॥

संगमरमरी काया तेरी अधरों से अमृत बरसाती,
आँखों में सपने जीवन के मेरे रोम-रोम पुलकाती।
स्पर्श की मादकता तेरी-मेरी जीवन डोर बनी..... ॥

अपलक भृंग रसपान में डूबा देश काल विस्मृति में खोये,
मधुर स्वप्न जाने कब टूटे जीवन सच सपनों मे खोये।
सपना जीवन, जीवन सपना एक अद्भुत संयोग बनी..... ॥

क्या बाकी है क्या कुछ लिखूँ किसको अब यह सुधि रही,
यह प्रेम समाधि कभी न टूटे अंतिम अभिलाषा एक रही।
तू ही तू बस तू ही तू है काव्य कलम एक ओर धरी..... ॥

नाता जोड़ लिया!

नव यौवना सी संध्या
शृंगार सोलह से सजी
वह सुंदरी सुकुमारी आयी
लाज आवरण से घिरी
लायी छुपाकर आँचल में
अपने प्यार के मिठास को
मगर मुझे केवल दिया
विरह के कड़वे स्वाद को
भाग्य का ओछा मैं ठहरा
कर्म में अकर्म ही
झोली में कुछ आ भी गया
तो हाथ आया छिद्र ही
जीने से जी उबने लगा
सबने साथ छोड़ दिया
आह ! अब मैं क्या करूँ
विरह ने नाता जोड़ लिया

आ जाओ न!

आ जाओ ना मेरे सपनो में रातें धन्य हो जायेंगी।
तेरी-मेरी प्रेम कहानी अमर काव्य हो जायेंगी॥

कठिन तपस्या कब फल देगी,
कब तक हृदय को समझाऊँ।
ऐसी परीक्षा मत लो मेरी,
कहीं बिखर कर मिट ना जाऊँ।
आ जाओ ना इन लम्हों में मेरी जय जय हो जायेगी॥

कई युग बीते प्रतीक्षा में,
बंजर पर पंछी उड़ता जाये।
ओर-छोर कुछ नज़र न आये।
तेरी आशा में उड़ता जाये,
आ जाओ ना मेरे साथी मेरी यात्रा पूरी हो जायेगी॥

मेरे मिटने से क्या पाओगे,
विश्वास प्रेम से उठ जायेगा।
तेरे मिलने से रब मिल जाये,
प्रेम सुधा जग खिल जायेगा।
आ जाओ मेरे पारसमणि काया कंचन हो जायेगी॥

कभी तो आयेगी!

खुशियों के रंग में
रंग जाये तन-मन
समता पसर जाये
खिल जाये कण-कण
कामना मैं करता हूँ
राहें तेरी तकता हूँ
कभी तो आयेगी
रंगों में नहायेगी
होली मुबारक हो !
होली मुबारक हो !

सजनी!

सावन में मेरी सजनी नाचे,
मस्त मयूरी क्या नाचेगी।
जुल्फ की छइयाँ रात घनेरी,
काली बदली शरमायेगी॥

रून-झुन पायल के मीठे बोल,
चूड़ी खनके दे हृदय खोल।
वीणा की मीठी स्वर लहरी,
कानों में अमृत क्या घोलेगी॥

आमन्त्रण लहराते आँचल का,
मदमाते नयनों का न्योता।
आकर्षण का वेग प्रबल है,
भँवर डूबते को क्या खिंचेगी॥

एक होती ख़ूबसूरत

आ जाते तुम!

सर्द सफेदी में लिपटा, कंपकंपाता सबेरा है।
आ जाते तुम तो छँट जाता घना कोहरा॥

स्तब्ध है पेड़ भी, परिन्दें खामोश हैं।
हाथ को हाथ सूझता नहीं घना कोहरा॥

घर से निकलो तो सही परदे की जरूरत नहीं।
सूरज भी चाँद बन गया है घना कोहरा॥

सदियों से साँस रोके तेरी राह देखता हूँ।
हालात हाथ में दिया है घना कोहरा॥

अब भी ना आये तो महज़ बहाना होगा।
आज बड़ी किस्मत से आया है घना कोहरा॥

चला जा रहा हूँ!

यादों के साये में तुझको लपेटे।
लिए जा रहा हूँ चला जा रहा हूँ मैं.....॥

मुझे क्या पता कहाँ मंज़िल हमारी,
नज़रों से ओझल है महफिल हमारी।
इक आशा मिलन की दिल में समेटे,
लिए जा रहा हूँ चला जा रहा हूँ.....॥

जहाँ तू मिले वहीं मंज़िल हमारी,
जहाँ तू हँसे वहीं महफिल हमारी।
साँसों में तेरी सुगंध समेटे,
लिए जा रहा हूँ चला जा रहा हूँ मैं.....॥

मोहब्बत में

मेरे सपने हुए साकार, तेरी सूरत में।
दिल को मिला करार, तेरी सूरत में॥
ये दिल हुआ तुम्हारा, इसी मुहूरत में।
हम हैं शामिल तुम्हारी, शोहरत में॥
साथ रहे जनम-जनम, हर कदम में।
हसीन पलों को रंग डालो, इसी जनम में॥
मुस्कानें सजे होंठो पे, जिये सोहबत में।
कुछ कर जायें हर कोई, करे मोहब्बत में॥

मादक पुरवाई!

ये सुरमयी मौसम मतवाली,
मंद-मंद शीतल सुहानी ।
सहलाती बदन सिहरन जगाती,
गुदगुदाती पुरवाई ॥

मन बहक रहा मतवाला,
महि महकती बनती सुरबाला ।
चहक रही चिड़िया गगन में,
छेड़ती चंचल चल रही पुरवाई ॥

आँखों में बसी सूरत तेरी,
मन में बसी मूरत तेरी ।
महकती हवाएँ डगर-डगर,
मदन जगाती चलती पुरवाई ॥

केशों को छेड़ती नटखट हवाएँ,
नयनों को तू बंधक बनाये ।
भटकी दिशायें चला किधर मैं,
सम्भालो ! बहकाये मादक पुरवाई ॥

अपना बना लिया!

जो मिल गया
जहाँ पर मुझे
वहीं पर उसे
मैं अपना बना लिया
एक सपना बना लिया ॥

फूल-फूल में
चुन-चुन के
काँटों के बीच में
एक आशियाना बना लिया
एक याराना बना लिया ॥

तू मिल गयी
रौशनी मिल गयी
दिल की उदासियों में
एक महफिल बना लिया
एक हम दिल बना लिया ॥

श्यामली!

कैद करूँ तेरी सुंदरता को,
जाल रचूँ सुंदर शब्दों की ।
समा जा बनके अर्थ श्यामली,
कविता को अमर बना जाओ ॥

जनम-जनम का बंधन टूटे,
सब कुछ पल में अपना दिखे ।
एक बार बस छू ले श्यामली,
जीवन अमर बना जाओ ॥

तेरे शब्दों को शब्दों में बाधूँ,
बनके बहते गीत बेकाबू ।
गीतों को संगीत दे श्यामली,
शहद कान में घोलती जाओ ॥

लोचन भँवरें रूप निहारें,
हृदय में नव रस भरते जायें ।
खालीपन को भर दे श्यामली,
जीवन पूर्ण बनाती जाओ ॥

एक बार बस, एक बार तू,
आँखों से उर में उतर के आ ।
साँसों को संगीत दे श्यामली,
प्रेम से प्राण को तृप्त कर जाओ ॥

किसके संग!

रंग बुलाते, फूल बुलाते,
खुशबू का न्यौता आया है।
अंग-अंग अलसाया मेरा,
फागुन ने मुझे बुलाया है॥

कोई मीत नहीं, कोई गीत नहीं,
प्रतिक्षा क्यों करवाता कोई।
अंतर में पायल छनकाये,
उम्मीदें क्यों जगाता कोई॥

हवा में क्यों घोलता कोई,
मादकता से भीनी खुशबू।
लहर लगाये तन-मन कोई,
मेरे पोर-पोर क्यों बेकाबू॥

सुंदरता बस जाती क्यों,
बौराये आमों की आँखों में।
पतझड़ को रंग जाती क्यों,
कोंपलों की दिलकश रंगों में॥

कहाँ मैं मन का मीत तलाशूँ,
भाव हृदय का किसे सुनाऊँ।
फागुन का मादक मंच सामने,
किसके संग मैं नाचूँ॥

शहद घोलती!

सुबह-सुबह घंटी बजती है,
शहद घोलती कानों में।
अभिवादन से मुझे जगाती,
खुशहाली में सपनों से॥

हाव-भाव कुछ अपनापन सा,
हृदय पर दस्तक देती है।
अवरोध जगत का कंटक सा,
हृदय पर बंधन देती है॥

चंचलता चितवन की उसकी,
मादक स्पर्श की अभिलाषा।
नैतिक बंधन खण्डित करती,
रग-रग में भरती इक ज्वाला॥

मुक्तक

जलता सूरज, जलती धरती,
लू में झुलस रहा तन-मन।
बन में घने लरजते बादल,
मेरे आँगन में बरसो ना॥

तू पुरवा की हँसती धवल निशा,
चँदा बदली की छेड़-छाड़ हो।
मैं भी हूँ क्या कहीं यामिनी,
पूनम का तेरा सहज शृंगार॥

मदिरा की मादक मधुशाला,
यौवन की छलकती प्याला हो।
जो भी हो तुम ये तो बताओ,
कैसे बनें हम हमप्याला॥

तू यौवन मद में चूर नजर,
सावन की सजी हुई बादल।
आँगन मेरा सूना-सूना सा,
आकर उसमें बरसो ना॥

यार अगर कुछ बात बने,
मैं भी करूँ तपस्या तेरी।
रूप राशि के गुण खुशबू से,
मेरा जीवन भी महकाओ ना॥

सरसों के पीले खेतों में,
साग खोंटती श्यामल बाला।
मैं भी हूँ क्या कहीं सलोनी,
तेरी थाली का जिमन हार॥

मस्त रहता हूँ

मैं मुस्कुराता हूँ मैं मस्त रहता हूँ।
जिन्दगी के संग-संग व्यस्त रहता हूँ॥
जब भी याद तेरी आती झूम जाता हूँ।
प्यार की मस्ती में सब कुछ भूल जाता हूँ॥
इक अमानत तेरी जो दिल में रहती है।
प्यार की खुशबू उसी से आती रहती है॥
खुशियाँ लुटाता हूँ हर दर्द पीता हूँ।
शरीक सबके दुःख में दिन-रात रहता हूँ॥
इस प्यार की खुशबू से दुनिया सजाना है।
किसी का दर्द बाँट लो सुख का खजाना है॥
दुःख, दर्द, जाहिली से जंग में मशगूल रहता हूँ।
फुर्सत मिली कभी तो कुछ गीत गाता हूँ॥

फाग खेलन नहीं आयो साजन!

फगुनी बयार चली पुरवाई,
कोयल कूक उठी अमराई।
मन में मयूरी नाच उठी,
पोर-पोर ने ली अँगड़ाई॥

बदलते करवट काटी रातें,
स्वयं से ही बतियायी बातें।
बड़ी देर से आज सुबह आयी,
नयन खुले पर रही अलसायी॥

आने की जब से बात सुनी,
पग थिरक रहे मन पुलकित है।
मधुर मिलन नयनों में बुनती,
अधरों पर गीतें नाच उठी॥

फाग खेलन की मधुर चाह,
मन में रंगों से खेल रही।
आने के उनके स्वागत में,
घर आँगन को माँज रही॥

कहाँ बैठेंगे कहाँ सोयेंगे,
क्या पियेंगे क्या खायेंगे।
सोच-सोच करती तैयारी,
बदल-बदल करती तैयारी॥

पकवान का आटा गँथू रही,
मन में मिलन को बुन रही।
थिरके बदन की डाली-डाली,
एक हाथ से नारी बजावत ताली॥

फाग खेलन नहीं आयो साजन,
बाट जोहते शाम हुई।
तन्हाई की काली नागिन,
आ गयी फिर से रात हुई॥

होरी खेलो यारों!

सात रंग मिल एक रंग है,
रंग-बिरंगी चढ़ी भंग है।
आओ साजन खेलो होरी,
आज हृदय बड़ा मस्त-मस्त है॥

गोरे गालों पर चढ़ी गुलालें,
शोख नज़र में भरी शरारत।
घात लगाकर देख रही है,
कैसे साजन को रंग लगाये॥

पीछे से चुपके-चुपके आयी,
मुँह पर रंग लगा कर भागी।
चुन्नी आ गयी हाथों में,
शरमा के सिमटी बाँहों में॥

चाँद पर मैंने मली गुलालें,
इंद्रधनुष सी निखर गयी।
खुशियों की तो बात न पूछो,
आओ होरी खेलों यारों॥

सावन के सब्ज़ बाँहों में!

शर्माती सी सिमटती धरती,
आशिक कजरारे बेईमान बादल।
घुमड़ते मंडराते छाते बादल,
प्रियतम के इशारों को समझते बादल ॥

भिगोते रिमझिम फुहारों से।
कभी मुसलाधारों से,
बंद आँखें मदहोश धरती।
कजरी की तानों की मदहोशी,
रह-रह कर छेड़ते परेशान करते ॥

सावन के सब्ज़ बाँहों में,
शर्माती सी सिमटती कम्मों।
नहाती मदहोश बूँदों से,
आनन्द के पलों में कोई देख न ले।
अँधियारा करते कजरारे बादल ॥

चपला की चमक में चमक जाये,
ताजा नहाया सुंदर सा बदन।
तन की आग बुझाते बादल,
सावन के सब्ज़ बाँहों में।
शर्माती सी सिमटती धरती ॥

सहस्त्र धारा

भीगता लिपटा हुआ सा,
हरित लता के पाश में।
लटका हुआ कुछ गिरता सा,
भीगा-भीगा भूरा पर्वत॥

सहस्रधारा जल की शीतल,
मेघ पत्थर बन गये हैं।
जल की धारा गिर रही,
उमंग धारा उठ रही हैं।

आमन्त्रण उर से है उपजा,
प्रकृति पावन मुग्ध करती।
हृदय पर बंधन कहाँ,
स्वीकार कर वह भीगती है॥

रोकते बंधन हमेशा,
रुक गया वह जी क्या पाये।
चलो कुछ नहीं अंदाज सबका,
अलग-अलग कुछ अपना-अपना॥

प्रकृति के स्वर में समाँकर,
संगी साथियों को याद करती।
कहीं नजदीक से,
सौन्दर्य को निहारता है॥

कवि

नजर के पैमाने से
बदन को नापता
अनुमान करता
सोचता है
स्पर्श का सुख कभी-कभी
स्वप्न में ही भोगता है
छलक जाये
प्यार का पैमाना अगर
बैठकर एकांत में
कविताएँ शृंगार की
वह लिखता है॥

तू मुझ में है!

सावन के सब्ज़ बहारों में,
कजरी की कातर तानों में।
झूलों की मादक पेंगों में,
तुझको ही तलाशा करता हूँ॥

उमस की प्यास बुझाने में,
मंडराते बादल को बुलाने में।
थमी हुई हवाओं को,
बुलाने में तुझे बुलाता हूँ॥

तेरी प्यास बुझाने को,
बादल बन मंडराता हूँ।
हवाएँ बन जाती है दुश्मन,
दूर उड़ा ले जाती है॥

हर याद में तेरी यादें हैं,
हर दृश्य में तू ही दिखती है।
हर नींद में तेरे सपने हैं,
हर सपने में तू ही आती है॥

लगता है हरदम तू मुझ में है,
मेरा रोम-रोम तुझी में रमता है।
तू माने या ना माने मैं,
प्यार तुझी से करता हूँ हाँ करता हूँ॥

बरसे बादल!

बरसे बादल छम-छम-छम-छम री।
झूमें तरूवर तोड़-तोड़ तन री॥

नाचे मन मेरा बनके बावरिया,
आज संग-संग मेरी साँवरिया।
चंचल चित की चाह मिलन री,
रंग दे तन मन थिरक-थिरक री।
बरसे बादल छम-छम.....॥

हरियर धरती हँसती खिल-खिल,
बूँदों से भरती धरती तिल-तिल।
सुखद समीर सहलाता रग-रग री,
घनघोर घटा करे बिजुरी चम-चम री।
बरसे बादल छम-छम.....॥

द्रष्टा कवि!

सुंदर शब्दों का चयन करूँ।
या सुंदर रूप निहारूँ॥

नयनों का मद्यपान करूँ।
या कागज़-कलम उठाऊँ॥

अधरों का अमृतपान करूँ।
या केशों में छुप जाऊँ॥

कानों के बूँदों से खेलूँ।
या अंग-अंग सहलाऊँ॥

अंग-अंग संग-संग मेरे।
सौंदर्य कहाँ से देखूँ॥

यौवन मद विचलित करता है।
कवि को क्या समझाऊँ॥

बंधन टूट रहे अपने से
संयम पिघला जाये॥

कोने से कवि देख रहा है।
कैसे संभला जाये॥

यौवन मद का सागर उफने।
लहरों में डुबकी खाऊँ॥

मद का नद कैसा आकर्षण।
कुछ भी समझ न पाऊँ ॥

मज़बूत करूँ मन को जितना।
यौवन मद मजबूर करें ॥

हाथ पाँव मैं जितना मारूँ।
तट से उतना दूर करें ॥

डरता हूँ डूबने दूँ कैसे।
यौवन मद में बहने दूँ कैसे ॥

कल मुँह कैसे दिखलाऊँगा।
कवि सम्मुख कैसे जाऊँगा ॥

बिलखेंगी कविताएँ मेरी।
कवि शर्मिंदा होएगा ॥

द्रष्टा बना भोक्ता कैसे।
हिसाब रचयिता माँगेगा ॥

अर्थ भरो सुंदर शब्दों में।
सैन्दर्य सृजन कर भोग नहीं ॥

युग-युग से कवि द्रष्टा है।
मूल्य रचयिता रचना में रत है ॥

अनुपम छटा निराली!

बरसों बारिश इतना बरसों भीगे धरती सारी।
तन-मन भीगे कण-कण भीगे-भीगे सब नर-नारी॥

चमके बिजुरी बरसे बदरी पवन भरे सिसकारी।
ठण्डी-ठण्डी बूँदें लगती मारे कोई पिचकारी॥

गुदगुदाती तन को छूती गीली चिपकी साड़ी।
तन की गर्मी फूटकर निकले शीतल लागे वारी॥

सुरमें सी लगती है दिशाएँ झम-झम बरसे पानी।
छम-छम नाचे गोरी आँगन लगता रूप नूरानी॥

तरूवर झूमें भीग-भीग कर देते मुझे सलामी।
निहारूँ तुझको छुप-छुपकर अनुपम छटा निराली॥

सावन की बूँदें

सावन की बूँदें बरस रहीं है घँघूट में गोरी तरस रही है।
कैसे बूँदों से बदन भिगाऊँ, कैसे बूँदों से अगन बुझाऊँ॥

आँगन में जेठ नहाए निर्लज्ज, मोर पिया मुस्काए निर्मम।
यह रह कर बदरी गरज रही, घँघूट में गोरी तरस रही॥

बूँदों के तीर चले सन-सन, तन सिहर-सिहर नाचे आँगन में।
लाज शरम सब छोड़ चली, मैं तो पिया के पास चली॥

चम-चम बिजुरी चमक रही, गोरी साजन संग नाच रही।
सावन की बूँदें बरस रही है मगन हो धरती पुलक रही है॥

अकेला

अकेला चला हूँ सपनों को पाने, जाने कहाँ हूँ जाने-अनजाने ।
नियति चलाये चलता रहा हूँ, मिलते-मिलाते हँसते-हँसाते ॥

यारों की महफिल रास न आयी, मिलते रहे जो थे हरजाई
रोया बहुत हूँ चला हूँ हँसाने, अकेला चाला हूँ सपनों को पाने ॥

डराती है दुनिया रुलाती है दुनिया, संग-संग चलने में कतराती दुनिया ।
परवाह बहुत की अब चला टकराने, अकेला चला हूँ सपनों को पाने ॥

पराई उम्मीदें छलती रहीं है, उपर से हँसाते नीचे डसती रही है ।
छटपटाया बहुत हूँ चला कुछ दिखाने, अकेला चला हूँ सपनों को पाने ॥

हृदय आँगन की गौरैया!

गौरैया मेरे हृदय आँगन की

चीं-चीं-चीं करती

फुदक-फुदक कर दाना चुगती

पुलक-पुलक मन अच्छा लगता है

पास आने पर उड़ जाती है

करती नहीं भरोसा डर जाती है

मेरे हृदय आँगन की गौरैया

चीं-चीं करती आती-जाती है

प्यार की फुहार में!

नज़र-नज़र में ढूँढ़ता रिश्ता पुराना ।
एक मुसाफिर हूँ सदियों से अकेला ॥

मिले कोई हमसफर अरमान बाकी ।
ढो रहा अधूरी जिंदगी पतझर का साथी ॥

इत्तेफाक से वो मिल गये थे राह में ।
झुक-झुक कर आँखें चार होती चाह में ॥

संकोच के आँगन में कैसी बेबसी थी ।
थरथराते होंठ थमते थिरकनों की चाह में ॥

वक़्त के पिघलाव पर नज़दीकियाँ बनने लगीं ।
लोग भी कहने लगे दिल को भी लगने लगा ॥

प्यार की अठखेलियाँ घोंसले गढ़ने लगीं ।
जिंदगी की चाह में मौत भी रुकने लगी ॥

खुशगवार था सफर चाहतों का रंग चढ़ा ।
वक़्त कब गुज़र गया कुछ नहीं पता चला ॥

सफर की हिचकोलियाँ हसीन रंग भरने लगीं ।
जिंदगी की चोट को सहला-सहला ढ़कने लगी ॥

कुछ याद ना रहा कौन हूँ और क्या कहाँ।
डूबता चला गया प्यार में उनके यहाँ ॥

मदहोश था निहारता मंजिलें तलाशता।
झील सी नज़र में उनके ख़ुद को तलाशता ॥

हलचलें अगल-बगल हरकतें जवान थीं।
ख़्वाब सजने लगे नसीब मेहरबान थीं ॥

बदलियाँ घिरने लगी सावनी अंदाज में।
भीगने लगे थे हम प्यार के फुहार में ॥

कि नींद कुछ उचट गयी हलचलें बेजोर थी।
सारे लोग चल पड़े पहुँचने की होड़ थी ॥

गाड़ी रुकने लगी सफ़र के पड़ाव पर।
वे उठ कर चल दिये मोड़ के अलगाव पर ॥

मैं ठगा खड़ा रहा देखता उन्हें रहा।
जा रहे थे बेख़बर वक़्त के रफ्तार से ॥

जिंदगी ठहर गयी थी प्यार के प्रहार से।
दर्द से उमड़ पड़ी काव्य छंद धार से ॥

याद

तेरी यादों की बयार
खुशबुओं से सनी-सनी।
छूकर बहती है
बदन को सहलाती हुई।
वही अनुभूति तेरे
छुवन की पसर जाती है
आत्मा निहाल हो उठती हैं
तुझे करीब पाकर

संयम टूट रहा है

दूरियाँ कुछ कम करो।
थोड़ा पास आओ ना॥
सपनो को मैं छू सकूँ।
एहसास एक जगाओ ना॥
कितनी करूँ तपस्या।
धीरज टूट रहा है॥
सदियाँ बीत गयी हैं।
संयम टूट रहा है॥
मिट ही गया अगर मैं।
तेरा मूल्य क्या रहेगा॥
भक्त ही ना रहा तो।
भगवान क्या करेगा॥

प्रेम का बंधन!

बंधक बनाती छोड़ती

आज़ाद करती।

प्रेम का बंधन अजब

आबाद करती॥

मुस्कुराती एकटक

आँखों में झाँकती।

अभी नहीं कोई देख लेगा

कहके वो भागती॥

अपना बनाती भागती

इन्कार करती।

प्रेम का बंधन अजब

आबाद करती॥

अलसायी अँखियाँ!

अलसाई अँखियाँ खुमार नींद के छूटे ना।
मंद बहे फगुनायी अँगड़ाई तन से छूटे ना॥

सरसों की पीली सेज़ सजी,
तीसी ने नीली रेख उकेरी।
आम की मोजर महक उठी,
महुए ने मदन जगायी।
अंग-अंग अनंग बसे मद बदन से उतरे ना।

नगर बिथिकों में बहती पुरवाई,
रति जिंसों में सिमट गयी है।
माल्स के चिकने फर्शों पर,
इतराती गलबहियों में जवानी।
लज्जाहीन आलिंगन तन से मन छूटे ना॥

क्या प्यार हो गया है

तेरे रुखसार पर पसीना।
मेरी घबराहटों का आना॥

तेरी तबीयत खराब।
मेरा उदास हो जाना॥

सोचता हूँ बात करना।
तुम्हारे फोन का आना॥

समझ में नहीं आता ये क्या हो रहा है।
क्या प्यार हो रहा है॥

चमकते हुए चाँद को!

कल देखा था चमकते हुए।
चाँद को चहकते हुए करीब से ॥

बादल की बाँहों मे कसमसाते।
सितारों के बीच शर्माते हुए ॥

सजीली दुल्हन सी सकुचाती।
इधर-उधर देखती हिरनी सी ॥

पलक झपकते छुप जाती कहीं।
बादलों के झुरमुट में झट से ॥

झाँकती कम्मों आहट पर कान लगाये।
कस न ले बाँहों में फिर से ॥

धड़कनों के बीच लम्बी साँसें लेते।
अजीब उलझन है दूर रहूँ की पास जाऊँ ॥

चल दूर कहीं!

रस भरी पड़ी कानों में।
कू-कू आती वितानों से ॥
चू-चू चह-चह चहक-चहक।
गाती चिड़िया उद्यानों में ॥

सुबह-सुबह सहलाती जाये।
सोने की ललक जगाती मन में ॥
हौले-हौले थपकी देकर।
सुगन्धित समीर सुलाती वन में ॥

ऊँचे-ऊँचे शिखर को छूते।
बादल के छौने इठलाते ॥
रवि को ढँक कर हौले से।
शीलत छाँव बिछाते पथ पर ॥

मदमस्त सुबह कुछ सुनी-सुनी।
कहीं साथी दूर छूटा है ॥
किसे सुनाऊँ उमंगों को।
रात की रानी के सुगन्धों को ॥

कोई बात नहीं कोई चीत नहीं
संकोच में सिमट गयी सब कुछ ॥
जो खोल सके मेरे उर को।
वह जगह नहीं वह मीत नहीं ॥

चल "भरत" यहाँ से दूर कहीं।
जीवन नाचे भरपूर वहीं ॥
साथी हों उमंगे हो मैं हूँ।
प्यार का अद्भुत नूर वहीं ॥

अनुहार!

सावन आया बादल आये बरसात हुई रिमझिम।
प्यासी धरती पुलक उठी है झींगुर गाये झिंन-झिंन॥

ऊँचे दूर गगन में चाँद को छूते बादल,
रात विहँसती तन्हाई में ना कोई मुझको पूछे।
तू ना आयी मेरी तन्हाई डसती है मुझे तिल-तिल.....॥

शीतल मंद चले पुरवाई पुलकित तन-मन जन-जन के,
मुझको क्यों अच्छी नहीं लगती समझाऊँ कैसे मन को।
समझो ना मेरी विवशता घुलता रहता हूँ पल-पल.....॥

एक बार बस हाँ कर दे तू प्रतीक्षा सदियों कर लूँगा,
चाँद को अपना मीत बनाकर रातें विरह की सह लूँगा।
आँसू को मकसद मिल जाये मेरे गीत बने अमृत.....॥

मुक्तक

बरसते हुए बादल चलती हवाएँ।
तेरा भीगने को कहना हम याद रखेंगे ॥

आशिकों से भरी महफिल में।
तेरा छुप-छुप कर देखना हम याद रखेंगे ॥

तेरी पसंद ही मेरी पसंद है ओ मेरी पसंद।
मेरा मिलना तुझे पसंद तेरा मिलना मुझे पसंद ॥

तू स्याह घने बादल की छाँव, शीतल मंद पवन का प्यार।
मैं भी हूँ क्या कहीं कामिनी तेरे मन का राजकुमार ॥

हमदम

साथ-साथ तेरे पास-पास,
अनन्त गगन में विचरूँ।
निज पराग की भीनी-भीनी,
खुशबू से तुझे सजाऊँ॥

पाप-पुण्य से दूर कहीं,
जीवन में रस घोलूँ।
बन जा तू मेरी हमदम,
तेरे साँसों में बस जाऊँ॥

कर का कोमल स्पर्श,
तन को अभिभूत किया।
मर्मों को भी गुदगुदा गयी,
रोम-रोम विभोर किया॥

झुकी-झुकी पलकों के नीचे,
लाल-लाल कपोल हुए।
सुहाग रात की दुल्हन सी,
मधुर कंठ शब्दहीन हुए॥

शरारत!

शरारत मत करो सईयाँ।
मोरा मन ठीक नहीं है ॥

आज सौतन संग खेलो होरी,
गाल-गुलाल मलो बरजोरी।
मोरा मन ठीक..... ॥

अकड़ गयी मोरी कमर लचीली,
पोर-पोर में पीड़ जकड़ गयी।
मोरा मन ठीक..... ॥

कई बार भीगी तन की साड़ी,
काँप गयी सिर हो गयो भारी।
मोरा मन ठीक..... ॥

एक होती खूबसूरत!

एक होती खूबसूरत

मन भी सुंदर तन भी सुंदर

सुंदरता की मूरत होती

रोम-रोम से प्यार बरसता

अंग-अंग लहराती

समाने आती इठलाती सी

ओझल होती मुस्काती

नैनों में छवि हर पल रहती

कानों में कंगन सी बजती

पोर पोर सहलाती रहती

नाक में खुशबू सी भर जाती

चाहूँ भी तुझे भूल न पाता

प्यार में तेरे पागल होता

धुन में तेरे गुनगुनाता

तेरी सुंदरता की कविता

हरपल गाता रहता गाता रहता ॥

एक लहर हवा की!

दोपहरी के अंतिम पल में,
जलते जीवन को छाँव मिली।
जीवन महक उठा सोहबत से,
एक लहर हवा की आन मिली॥

सरसराती तन छूकर निकली,
गुदगुदा गयी उर अन्तस तक।
रोकते पकड़ते निकल गयी वो,
हवा थी फिसल गयी जाने कब॥

लगा दूसरे के पास से गुज़री,
मन क्यों खीझ उठा है।
हवा का पीछा करता कैसे,
मन में भ्रम हुआ है॥

कुछ भी तो मेरे साथ नहीं,
कैसे आमंत्रण दूँ छाया को।
खाली-खाली सब कुछ खाली,
कैसे सत्कार करूँ उनको॥

जाओ तुम कोई बात नहीं,
बस गयी मेरे हृदय आँगन में।
वो गुदगुदी वो स्पर्श बे-बातें,
जियेंगे मेरे मन मानस में॥

कैसे मैं रोकूँ!

आहिस्ते-आहिस्ते दूर जा रहे हो।
कैसे मैं रोकूँ सितम ढा रहे हो॥

मिलने का पागलपन पीछे कहाँ छूटा है,
ऐसी क्या बात हुई तेरा दिल रूठा है।
कहती तो है ऐसी कोई बात नहीं,
लगता है क्यों वैसी अब बात नहीं।
फुसला के मुझको चले जा रहे हो,
कैसे मैं रोकूँ सितम ढा रहे हो.....॥

कह दो ना साफ-साफ जो भी दिल में आया है,
खुशियों में तेरी-मेरी खुशियाँ समाई है।
कहीं भी रहूँ तुझसे प्यार करता जाऊँगा,
कोई मुझसे बात है तो दूर चला जाऊँगा।
मुस्काते रहना लो हम चले जा रहे हैं,
कैसे मैं रोकूँ.....॥

कारा की बरसात

ये काले मतवाले बादल,
उमड़ घुमड़ के आते ।
रिमझिम रिमझिम बरसे बादल,
तन मन में मस्ती लाते ॥

भींगती हरी चूनर में सिमटी,
सावन की शर्मिली दुल्हन ।
देवर मारुति बादल अगराये,
तरुवर झूक कर घूंघट उठाते ॥

रोम रोम मेरे सिहर सिहर मन में,
अगन लगाये काम जगाये ॥
प्रिया है अपने देश मैं कारा में,
प्रभु होय सहाय मेरा मन माने ॥

कहाँ उलझ गये हो!

कहाँ उलझ गये हो
मेरे गहन अँधेरों में
उससे तो जंग जारी है
कुछ उजियारों के साथ
उजियारे अंधियारे
जीवन के हिस्से है
कुछ उजियारे के किस्से है
कुछ अंधियारे के किस्से है
आओ न उजियारे में
जिसे देखकर आयी हो
संग-संग मुस्कायी हो
आओ न कहाँ उलझ गयी हो
मेरे गहन अँधेरों में॥

कहाँ उलझ गये हो
लहू-लुहान हो रहे हो
मेरे काँटों में फँसकर
मैं तो यहाँ हूँ थोड़ा हटकर
तुम्हारा ख़ूबसूरत गुलाब
जिसे देखकर आये हो
पाने की चाहत में
पा लो ना !
कहाँ उलझ गये हो लहू-लुहान हो रहे हो॥
कहाँ उलझ रहे हो

क्यों आहत हो रहे हो
मेरे रूखे-सूखे अड़ियल कठोर
बदसूरत आवरण को देख
क्रोध में काँपता माथे पर लकीरें
कोई पसंद क्यों करे
मगर तुम तो तलाशते आये थे
कोमल सरस प्रेममय हृदय
फिर रूक क्यों गये
भीतर आओ ना नारियल के भीतर
कहाँ उलझ गये हो.....

याद क्यों आती हो

तुम याद क्यों आती हो सजन घर जाओ ना।
सात फेरों की कसम सजन साथ निभाओ न॥
तेरे प्यार से भीगी कल की कोमल यादें।
वे मुस्कानें नशीली मिलन में मर मिटने के वादे॥
तुम्हारा देखना छुप-छुपकर वे प्यार के इशारे।
सम्हाल के रखेंगे सनम फिर कभी मिलेंगे॥
इश्क जिस्मों का खेल नहीं रूहों का मिलन है।
इसमें पाना कुछ नहीं सिर्फ देने का चलन है॥
तेरे बाद कुछ भी नहीं अब बचा हुआ खालीपन है।
और तेरे ख्वाबों में अब जीने की ललक है॥
अब जाओ मेरी शुभ कामनाओं के साथ घर जाओ॥

हँसकर मिलना!

शून्य मुझको छल रहा,
विषाद कोई पल रहा।
भर दे आकर शीघ्र प्रिये,
यौवन मेरा ढल रहा॥

कहाँ गयी मैं ढूँढ़ता हूँ,
पात-पात से पूछता हूँ।
पता कहीं तो छोड़ जाती,
आस किरण एक छोड़ जाती॥

किस क़दर नाराज़ है तू,
धड़कनों कि राज़ है तू।
निष्ठुरता को छोड़ तू,
हृदय तार को जोड़ तू॥

याद है तेरी बात सारी,
शरारतों की रात सारी।
तेरे मूक लोचन मुस्कुराते,
पल में सब कुछ चमक जाती॥

तुम पूछती नाराज़ हो तुम,
मुँह फेर कर मैं मुस्कुराता।
मनुहार की मधुर मधुरिमा,
नाराज़गी का नाट्य करता॥

तेरी छेड़-छाड़ मेरा चिढ़ना,
मेरी छेड़-छाड़ तेरा चिढ़ना।
मान-मनव्वल लाड़-प्यार,
पल भर में हँसकर मिलना॥

मुक्तक

श्याम परिधान,
खुले केश तेरी आभा।
नभ का शृंगार,
चाँद यहाँ कैसे आया है॥

चमक उठे नयन देख,
पपीहा मगन हुआ।
स्वाति की बूँद सीप,
पहली बार पायी है॥

हाथों में थामें चाँद,
मैं देखता रहा।
आहिस्ते से कोई बोला,
रहने भी दो।
कुछ कल के लिए॥

मैं क्या करूँ

मुझे मालूम है तुम चाहती नहीं,
पर नज़र ढूँढ़ती है तो मैं क्या करूँ।
समझाता हूँ वो अपनी नहीं है,
पर मन पूजता है तो मैं क्या करूँ॥

यादों में खोया चला जा रहा हूँ,
तू मिलती नहीं तो मैं क्या करूँ।
मन में बसी है छवि खूबसूरत,
छलावा तो है पर मैं क्या करूँ॥

आदत तुम्हारी सभी जानते हैं,
अदाओं ने मारा तो मैं क्या करूँ।
अकेले ही जीने की कोशिश में हूँ,
तू ही याद आये तो मैं क्या करूँ॥

पलकों की छाँव में तुमको बसाया,
आँसुओं में बह रही हो तो मैं क्या करूँ।
"भरत" ये उल्फत की बातें निराली,
तू ही हार गया तो मैं क्या करूँ॥

अलविदा!

अलविदा कहके वो मेरा हाल पूछने लगे।
ऐ दिल बता तू ही मुझे मैं क्या जबाब दूँ॥

दूरियाँ बनी रही जाने पर मन उदास क्यों।
अब क्या बात हो गयी मैं क्या जबाब दूँ॥

नज़र उनको ढूँढ़ती खयाल मिलते नहीं।
कुछ अजीब सी कसक है मैं क्या जबाब दूँ॥

मिलन की बेताबियाँ मिली नजर तो डर गया।
थमती नहीं है धड़कने मैं क्या जबाब दूँ॥

हर बार सोचता रहा हाले दिल बयाँ करूँ।
ऐसे ही वक्त निकल गया मैं क्या जबाब दूँ॥

विदा भी मुस्कुरा के करना!

मिले थे मुस्कुरा के विदा भी मुस्कुरा के करना।
जाने वाले हमसफ़र ख़ताएँ मेरी माफ करना॥

ज़माने भर खुशियाँ तेरा इंतज़ार करें।
खो जाना उनमें इतना मुझे कभी न याद करना॥

इतना ही बहुत होगा तुम तो मुझे याद आना।
आ जायें कभी हिचकियाँ तो मुस्कुरा के भूल जाना॥

लम्हें मिलन के तो पीछा करेंगे मगर।
तनिक ठहरना पीछे देखना और चले जाना॥

तेरी तस्वीर तो टंग गयी है नज़र के सामने।
क्या करूँ हटती ही नहीं मगर तुम बेख़बर रहना॥

हो सके तो अंजाने में ही कभी-कभी ख़्वावों में ही।
दिख जाऊँ तो मत बे-आबरू करना॥

कसक!

यादों के सहारे डगमग जिंदगी गुज़ारता हूँ,
वफा कह के तेरी बेवफाई भी स्वीकारता हूँ।
तेरी नागफनी काँटों कि चुभन सहलाता हूँ,
सामने दुनिया के हरदम मुस्कुराता हूँ॥

कोशिश करता हूँ तूझे न कहे कोई बेवफा,
आँसूओं को रोकता छुपाता मुस्कुराता हूँ।
हर मोड़ पर ठिठककर पीछे देखता हूँ,
न चाहूँ तो भी तेरा इंतज़ार करता हूँ॥

ख़्वाहिशें कहाँ मिलन की रही,
तुम्हारी सलामती कि दुआ करता हूँ।
ऐ दोस्त जाओ मुस्कुराओ मस्त रहो,
तुम्हारी याद में मैं जीवन गुज़ारता हूँ॥

एक होती ख़ूबसूरत

मुस्कुराते किस बात से हैं!

जख़्म मत कुरेदिये अभी तो हम आराम से हैं।
ज़रा सी नींद आयी है परेशान पूरी रात से हैं॥

आखँ बिछाये रह गये आसूँ में वक़्त ढल गये।
बिन मिले चले गये वो नाराज़ किस बात से हैं॥

कह गये थे आयेंगे आये नहीं अभी तलक।
अब खुशी की तलाश हर बीती हुई याद से हैं॥

रो चुके बहुत हम अब और न रुलाइए।
आने लगी है मुस्कुराहट दर्द की हर याद से हैं॥

जो भी हुआ हम सह गये एक कसक बस रह गयी।
समझ ही नहीं सकें वे मुस्कुराते किस बात से हैं॥

गुज़रे हुए ज़माने की!

गुज़रे हुए ज़माने कि तक़रीर बन गये हैं।
मझधार में हम अपनी तक़दीर बन गये हैं॥

हसीन वादियाँ कब की गुज़र गयी हैं।
वीरान खंडहरों के हम राहगीर बन गये हैं॥

ज़माने के दौड़ में रह सके न हम भी शामिल।
बेतहासा दौड़ती दुनिया में हम मशीन बन गये हैं॥

परछाई का परायापन अब ख़िज़ाब भी नहीं चढ़ते।
आईना बताता है हम पुरानी तस्वीर बन गये हैं॥

महफिलों में अब हम अच्छे नहीं लगते।
मौज-मस्ती की हरकतों में दीवार बन गये हैं॥

ग़ज़ल

क्या बात कहूं किसकी कहूं,
सब कहते हैं हम गुमसुम हैं।
जब से गयी दिल बुझ गया,
किसको बताऊं क्या ग़म है ॥
याद आती है तेरी आंखें,
होंठ गुलाबी फूल सी बातें ।
गूंज रहीं कानों में मेरे ,
हंसने की तेरी मधुर आवाजें ॥
सब कहते हैं तू हंसमुख है
तेरी यादों में हम गुमसुम हैं ॥

जब कभी!

जब कभी तू नहीं होगी यादों की परछाई होगी।
लम्हों की चुभन होगी तन्हाई ही तन्हाई होगी॥

तेरे मिलन की याद जेहन में समाई होगी।
बाहर खाने में पड़ी मेरी चारपाई होगी॥

दर्द की कराहटें अपनो की रूसवाई होगी।
रातों में तुझको ढूँढ़ती आँख डबडबायी होगी॥

तेरी सुगन्धों से सनी-सनी बहती पुरवाई होगी।
दिल में दर्द होगा हर दवा हरजाई होगी॥

हर करीबी के मन में कुछ न कुछ बात आयी होगी।
मतलब के रिश्तों में एक ख़ामोशी समायी होगी॥

डायन हर रात होगी नींद की बे-वफाई होगी।
बस तेरी एक याद होगी बाकी सब परायी होगी॥

मुक्तक

मिठास तेरे अधरों की,
रोम-रोम पुलकित हुआ।
ऐ समय! जरा रुक जा,
मन मानस आनन्दित हुआ॥

स्पर्श का नशा मन में,
रुप की छटा मन में।
नयन मूँदकर महसूस करता,
अद्भुत तृप्ति मन को तृप्त करता॥

अतृप्त रह गया सदा।
घूँट भर न पी सका,
नदी बीच ही रहा,
अंजलि न भर सका॥

पाप-पुण्य से दूर कहीं।
आओ खुलकर प्यार करें,
नश्वरता के दिव्य पटल पर,
जीवन का इजहार करें॥

मुक्तक

आँसू के मोती पलकों पर ठिठके,
निश्छल हास्य अधरों पर थिरके।
अद्भुत संगम हास्य-रुदन का,
आनंद के अद्भुत पल जीवन का ॥

श्यामल सावन बरसत,
तन-मन तृप्त कियो।
आओ न सखी !
आँगन में नूतन नृत्य करें ॥

आयो बसंत मेरे आँगन,
वे भी मुस्कुरायी खुलके।
मन पागल गदगद है मेरा,
सीमा पार न हो जाये।

फूलों का साथ मिले,
खुशियाँ मिल जाती है।
सुबह सँवर जाता है,
सब अपने से लगते हैं ॥

भ्रम

अपने हृदय में तुमको बसाया है।
चुन-चुन कर भावों को सजाया है॥
सौन्दर्य की सुषमा बन गयी हो।
मेरी साँसों में खुशबू बन गयी हो॥
तुम्हारी रुखाई से ये दरकती है।
तुम्हारे प्रेम से ये चमकती है॥
कुछ न कर सको कोई बात नहीं।
भ्रम बना रहे बस झूठा ही सही॥

मधुमास

मधुर-मधुर मधुमास पधारे,
स्वागत में कण-कण मुस्काये।
तृण-तृण ने शृंगार किया है,
नभ ने धरती रंगीन किया है।
सुगंध सनी सहलाती हवा है,
पुलक-पुलक मन थिरक रहा है।
आओ न सखी संग नृत्य करें,
भौंरों संग आओ गुनगुनाएँ॥

मन गाता जाय

पपिहा पागल है युग-युग से,
पहुँच न पाया पिहु के पास।
ज्योति देखि मस्त शलभ है,
मिलन से पहले त्यागा प्राण॥

सीप तरसती रह गयी बहुधा,
स्वाति सुखि-सुखि उड़ि जाय।
जब तक उनका छोह न होवे,
मिलता नहीं किसी का प्यार॥

भरत भी गाता है गीतों में,
प्रिय पाने का अष्फुट गान।
प्रिया रुप में ही पा जाता,
मिले अनुग्रह कृपा निधान॥

अविरल आँसू नयन बहावे,
मिलन को मन आकुलाय।
हर रुप में तेरी ही सुन्दरता,
पुलक-पुलक मन गाता जाय॥

अपना सब कुछ

किसको दे दूँ
अपना सबकुछ
कुछ तो बोलो
मन को खोलो
तुम ही तो थे
पहली नजर में
मन उमड़ा था
दे देने को सब कुछ
पर तोड़ दिया
अब किसको दे दूँ
अपना सब कुछ ॥

अब तो लगता है
ना मिलते तुम
देने का मन ना होता
लगता ही नहीं कुछ है भी
मतवाला बिंदास
अपने में ही रहता
ना देता ना लेता
यूँ ही जीता रहता
उठता ही नहीं प्रश्न
किसको दे दूँ
अपना सबकुछ ॥

मुस्कुरा के

कुछ भी करो कुछ भी कहो
बुरा नहीं लगता।
प्रारब्ध की सजा
मुस्कुरा के सह लेते हैं॥

सुनो, मत सुनो जी
जितनी दिखाओ बेरुखी
हम तो अपनी बात
मुस्कुरा के कह लेते हैं॥

इतना याद रखना
कुछ कहे, ना कहे
बात आन पर हो
मुस्कुरा के जान देते हैं॥

प्यार है तो करते हैं
रोम-रोम में रखते हैं
समय पर विष भी
मुस्कुरा के पीते हैं॥

महुआ बीने जाइब

दऊरी ले के हो महुआ बीने जाइब

महुआ मदन रस टपके हो अंगिया भीगी जाय---

माई के मार सहबो बाबूजी के डाँटवा

भऊजी के ताना, करबो ना ध्यानवा

दऊरी ले के--

केहू चाहे कुछू कहे आर चाहे पार

पोर-पोर वदन टूटे रहलो ना जाय

दऊरी ले के---

रात-दिन नजरी पर सूरत तोहार

मिलन के तरसअता जियरा हमार

दऊरी ले के----

हालात

ये बात जो तुमने कह दी है।

हृदय के आर-पार कर दी है॥

सोचा भी नहीं था जो कभी।

वही बात बार-बार कर दी है॥

ये रार तो आपसी था अपना।

इसे सरेआम क्यों कर दी है॥

गैरों को भी शामिल कर लिया।

इज्जत भी तार-तार कर दी है॥

कल किस मुँह से मिल पायेंगे।

कुछ ऐसा ही हालात कर दी है॥

फाग

रंग-रंगीला फाग रंगीला ।

रंग दे सजनी साज रंगीला ॥

पहचान न तेरा, मेरा कोई ।

बसंती रंग में रंग दे कोई ॥

रंगो में सब एक सा दिखते ।

पहचान छिपी सब मानव दिखते ॥

फाग रंगीला कण-कण थिरका ।

देखो सखी मेरा अंग-अंग बहका ॥

गाओ फाग जोगीरा स-र-र, स-र-र ।

नाचो सब मिल मस्ती में स-र-र, स-र-र ॥

मन

मन तू मेरा, माने ना जाने ना

माँगे वही जो बैरन हो गयी---

तन संग तू भी क्यों नहीं बदले

हर पल बच्चों सा क्यों मचले

जग की रीति तो बदले ना---

यौवन की बातें बीत गयी

प्रियतम की चाहत रीत गयी

तन में भी वह बात नहीं---

मान ले मनवा जान ले मनवा

क्यों पागल सी बात करे

कितना समझाऊँ पढि-पढि पोथी----

तू समझे ना ----

पुरवाई

पवन बहे पुरवाई ऐ भाई
पवन बहे पुरवाई॥

श्वेत बदरिया नभ में छायी,
दिनवा गईल अलसायी।
हरित धरा सरसों पियरायी,
तृण-तृण तीसी मुस्कायी।
पवन बहे पुरवाई------॥

पुहुप पराग सुगंध सहित,
मेरे मन मानस में छायी।
मदहोश मधूप बताये मुझे,
मधुमास छटा देखो आयी।
पवन बहे पुरवाई-----॥

आम अमिय रस महुआ मदन रस,
मोर मनवा गईल बऊरायी।
राह चलत मोहे नींद लगत है,
कोई तो मुझे जगाई।
पवन बहे पुरवाई-----॥

मुक्ति मिलन

अपलक नयन ठहर गये थे,
कंठ मेरे निःशब्द हुए थे।
पोर-पोर मेरे सिहर उठे थे,
प्रथम दृष्टि जब एक हुए थे॥

वह मिठास तन-मन में भीनी,
स्मरण होते तन नृत्य करे जी।
बंद आँखों में तेरी स्मृति,
तन-मन को मदहोश करे जी॥

तुम मिलो या ना मिलो जी,
मन तो मन से मिल ही गया है।
जीवन धन्य हुआ उस पल से,
सुदर्शन तो हो ही गया है॥

नश्वर तन की आश करूँ क्यों,
प्रेम हुआ है अमृत मन से।
मन, मन तो सब अंश उसी का,
मुक्ति मिलन होगा मन, मन से॥

आनन्द

शृंगार रस शृंगार करता,
ऐसी तू शृंगार मयी है।
प्रेम रस छलकाता सागर,
प्रेममयी ऐसी तू है॥

सौन्दर्य ही शृंगार करता,
सुगंधमयी सौन्दर्यमयी हो।
शब्दकोश शब्दहीन हुए हैं,
वर्णनातीत व्यक्तित्व धनी हो॥

नयन देखें ठहर जाते,
जिह्वा अद्भुत मौन है।
ऐसी रुप की रानी हो,
योगी बनते अनुरागी॥

कमल से कोमल चन्द्र बदन,
नयनों मे करुणा का सागर।
शब्द शहद अधरों से टपके,
लता सी लिपटी लहराती हो॥

मन्द हवा सी चलती हो,
फूलों सी महकती रहती हो।
जब भी नयनों में बंद करूँ,
बनके आनन्द पसरती हो॥

मुक्तक

लता लिपटती है तरूवर से,
घटा लिपटती है गिरिवर से।
धरा लिपटती है सागर से,
तुम भी लिपटो ना आकर॥

पपिहा जीये ना चाँद बिना,
पराग बिना ना जीये भ्रमर।
शलभ न्यौछावर है ज्योति पर,
भरत न्यौछावर है तुम पर॥

लज्जा आती हृदय खोलते,
कशमशाहट अंदर-अंदर है।
कैसे कह दूँ बात हृदय की,
तुम ही आकर कह दो ना॥

जन्मों-जनम बीत गये हैं,
संकेत मिलन के दिखते नाहिं।
ईश्वर उनके हृदय व्यापो,
यह जनम ना खाली जाय॥

आनन्दमयी

एक होती, स्वप्न मेरा,
तू एक है सत्य मेरा।
स्वप्न सत्य घुल-मिल रहा है,
सब साफ-साफ दिख रहा है॥

तुझे गाता रहा सपने आते रहे,
एक सच में सपने समाते रहे।
वह सच सामने कितना भव्य है,
हू-ब-हू वही जो दिखता रहा है॥

तू आयेगी ऐसे सोचा नहीं था,
इशारा भी कोई ना तूने किया।
चकित रह गया मजा आ गया,
जितना सोचा नहीं आनन्द आ गया॥

जो लगता रहा दिखा ही नहीं,
जो दिख रहा लगा ही नहीं।
भ्रम मिट गया दोनों एक ही तो हैं,
मिलन की बेला आनन्दमय सी है॥

तू एक है

सुरमई मौसम ये सावन।
साँवला सा आ गया है॥
पवन के संग खेलती।
रिमझिम फुहारें आ गयी हैं॥
अठखेलियाँ करती ये बदली।
कान में कुछ कह गयी है॥
आओ ना प्रिय हम भी खेलें।
कुछ हास करें कुछ नाच करें॥
उन्मुक्त हृदय से नव गान करें।
होंठों पर मुस्कान सजे सखी॥
नयनों में शरारत नाच उठे सखी।
पोर-पोर प्रफुल्लित हो मन हर्षित॥
जीवन भी धन्य समझ लें स्वयं को।
सावन का अद्भुत मान करें सखी॥